Bernhard Sebastian von Nau

Tabellarischer Entwurf der Naturgeschichte

Bernhard Sebastian von Nau

Tabellarischer Entwurf der Naturgeschichte

ISBN/EAN: 9783743460942

Hergestellt in Europa, USA, Kanada, Australien, Japan

Cover: Foto ©ninafisch / pixelio.de

Manufactured and distributed by brebook publishing software
(www.brebook.com)

Bernhard Sebastian von Nau

Tabellarischer Entwurf der Naturgeschichte

Tabellarischer Entwurf

der

Naturgeschichte.

Mainz,
gedruckt in der kurfürstl. privil. Hof- und Universitäts-Buchdruckerey bey Joh. Jos. Alef,
Häffners sel. Erben.

Folgende

tabellarische Auszüge

aus

Professor Bergmanns

Naturgeschichte

werden

bey Feyerlichkeit des Restaurationsfestes der kurfürstlichen hohen
Schule zu Mainz,

Den 16ten November 1784, nachmittag von 3 bis 5 Uhr

zur

öffentlichen Prüfung

vorgelegt

von

H. Bernard Rau, von Mainz,

und

H. Georg Zinner, von Mainz,

Der freyen Künste und Philosophie Baccalauren, der Jurisprudenz
und Kammeralwissenschaft Kandidaten.

Der Naturgeschichte erster Theil.

Das Mineralreich.

Durch das Mineralreich versteht man den Inbegriff aller natürlichen, leblosen Körper, welche in unserer Erde erzeuget werden. Diese Körper pflegt man Mineralien oder Foßilien nennen.

Die Mineralien werden überhaupt eingetheilt.

I.
In die Eigentlichen; und diese in sechs Klassen

1. Die Erden.
2. Die Steine.
3. Die Salze.
4. Die Erdharze.
5. Die Halbmetalle.
6. Die Metalle.

II.
In die Zufälligen; und diese in drey Klassen.

1. Versteinerte Körper aus dem Thierreiche.
2. Versteinerte Körper aus dem Pflanzenreiche.
3. Die Naturspiele.

Sie werden gefunden.

1. Gangweise.
2. Flötzweise.
3. Nesterweise.
4. Als Stockwerke.
5. Als Geschütte.
6. Als Geschiebe.

Sind entweder Gediegen; oder mit andern Arten dermaßen vereinigt mineralisirt, daß sie erst durch die Kunst in ihrer eigentlichen Gestalt müssen dargestellt werden.

Erster Abschnitt.

Von den eigentlichen Mineralien.

Eigentliche Mineralien sind diejenigen, welche ursprünglich und von Natur aus in das Mineralreich gehören. Sie können in folgende Klassen eingetheilt werden.

Erste Klasse. Die Erden.

Die Erden sind für sich trockne, unschmackhafte, feste, aber wenig zusammenhangende Körper, welche sich zwar meistentheils im Wasser erweichen, aber nicht auflösen lassen. Im Feuer brennen sie nicht; verhalten sich aber darinn unterschiedentlich nach den besondern Eigenschaften ihrer Bestandtheile

I. Ordnung. Alkalische Erden.

Die alkalischen Erden brausen mit flüssigen, sauren Salzen auf. Die in offenem Feuer zu einem im Wasser auflöslichen Kalk brennen, heißen insgemein Kalkerden.

Gattungen.	Arten.	Gebrauch.
A. Kreide, ist eine weiße, mehlichte, etwas verhärtete, leicht abfärbende Kalkerde.	Die besondern Arten machen aus 1. die feine schneeweiße; oder 2 die gemeine, gröbere, weniger weiße, vermischte Kreide.	Sie wird gebraucht zum Zeichnen, Malen, Glasmachen, zu Kalk, zu Schmelztiegeln; bisweilen zur Arzney.
B. Mondmilch, eine weiße, zarte, schwammichte, mit Wasser milchichte, nicht abfärbende Kalkerde.	1. Die schweizerische Mondmilch; 2. Die ungarische Bergmilch; 3. Eine weiße kalkartige Berggur.	Sie diente sonst als eine Arzney, wird an manchen Orten zum Tünchen gebraucht.
C. Kalkichtes Steinmark, ist dicht, schwer, vielfärbig.	Verschiedene kalkartige Guren.	
D. Tropherde, ist leicht, gelblicht, weißgrau, ganz grau, eine aus dem Wasser niedergeschlagene Kalkerde.		Aus ihr entstehen Inkrustirungen, kalkartige Toph, und Tropfsteine; viele Naturspiele.
E. Kalksand, milchweiße, undurchsichtige, glänzend glatte, dem Wasser undurchdringliche, nicht abfärbende Körner.	Berghalter; kalkichter Spathsand.	
F. Mergelerde, eine lockere, grob-mehlichte, schmierige, vielfärbige Kalkerde.	1. Der weißlichte, reine Mergel. 2. Der vermischte. 3. Schneckenerde.	Dient zum Vermauren, und auf unterschiedliche Weise zum Düngen der Felder.
G. Bittersalzerde, eine alkalische Erde, die mit der Vitriolsaure ein bitteres Mittelsalz giebt.	Reine, Magnesia alba. Vermischt, ...	Ist ...
H. Alaunerde, eine alkalische Erde, die mit der Vitriolsaure den Alaun macht.	Rein, kreideweiß. Vermischt.	

II. Ordnung. Gypsartige Erden.

Die gypsartigen Erden entstehen aus den mit der Vitriolsäure gesättigten Kalkerden; sie brennen mit den Säuren nicht auf, rösten im Feuer zu einem Pulver, welches das Wasser begierig einsaugt, und bald darauf verhärtet.

Gattungen.	Arten.	Gebrauch.
A. Bergmehl, gleicht einem zarten, feinen, weißen Mehle.	Himmelmehl. Bergbutter; bethlehemitische Berggur.	Wurde vor Zeiten mit anderm Mehl zu Brode gebacken.
B. Nicht, eine weißlichte, abfärbende Gypserde.	— — —	Ward vormals für ein Arzneymittel gehalten.
C. Spatherde, eine blättrichte, schimmernde, rauhe, weißlichte Gypserde.	Die Gemeine. Afroselino der Italiäner. Kewel der Engländer.	Taugt zu Formen beym Gießen.

III. Ordnung. Thonartige Erden.

Die Thonerden sind meistens zähe, fett, schlüpfricht; lassen sich in sauren Salzen nicht auflösen, backen im Feuer hart zusammen. Nebst den gemeinen Bestandtheilen haben die sieben ersten folgenden Gattungen die Alaunerde, die zwo letzten die Bittersalzerde bey sich.

Gattungen.	Arten.	Gebrauch.
A. Leimen, ist zähe, eisenschüßig, oft mit Sande und Mergel vermischt.	1. Bauleimen. 2. Ziegelleimen. 3. Steinthon.	Wird zum Vermauern, Verkleben, zu Ziegeln, gebackenen Steinen u. s. w. gebraucht.
B. Letten, ist eine feinere, fettere, zärtere Erde, als der Leimen, gemeiniglich gräu.	Der Unterschied der Arten hängt ab 1. von der Farbe; 2. von der Reinigkeit; 3. von der Feinheit.	Läßt sich verschiedentlich formiren, und der Scheibe zu Geschirren brechen, welche hart gebrannt werden. Dämme, Teiche, Wasserbehälter zu beschlagen u.
C. Porzellanthon, ist fein, zart, fett, verschiedentlich gefärbt.	1. Die ganz reine Porzellanerde. 2. Die geringere, Fayance.	Porzellanene Geschirre, Figuren.
D. Pfeiffenthon, ist weiß, ziemlich fett, zähe und schlüpferiche, abfärbend.	— — —	Giebt Tabackspfeiffen, Tiegel, Mauersteine u. d. g. englisches und deutsches Glas, gut; dient zum Flecken ausmachen u.
E. Glimmererde, ein Gemenge feiner, glänzender, schlüpfrichter Blättchen.	Unterschied von den Farben.	

Gattungen.	Arten.	Gebrauch.
F. ...oltis, eine fette, glatte, abfärbende, in der Nässe zergehende Thonerde.	1. Fetthon; rhonichtes Steinmark. 2. Siegelerde 3. Wunderb. sächsische Erde. 4. Schwarze Sammeterde. 5. Meerschaum; Kesselthon.	Arznererde, Grundirung zum Vergolden, Versilbern. Tiegel, porzellanartige Geschirre ꝛc.
G. ...eifenerde, ist fett, glatt, im Wasser wie Seife zerfließend.	1. Waschthon; Bleicherleimen. 2. Walkererde.	Fleckenkugeln Wasch- oder Bleicherde, Eben die Wollenzeuge zu walken.
H. ...ripel, ist mager, zart, scharf; im Wasser unerweichlich.	1. Der reine Trippelthon. 2. Der vermischte.	Dient zum Schleifen und Poliren.
I. ...alkerde, lose, glänzende, schlüpferichte, an die Finger klebende Blättchen.	1. Grauer Erde. 2. Vielleicht das sinesische Kaolin.	Ist zum Porcellanmachen sehr tauglich.

IV. Ordnung.　　Glasartige Erden.

Die glasartigen Erden lassen sich in sauern Salzen nicht auflösen; schmelzen im Feuer zu Glase, erden im Wasser nicht weich.

A. ...staubsand, besteht aus sehr feinen staubichten Sandtheilchen.	1. Flugsand. 2. Mehl-Formsand. 3. Quicksand.	Bringt mehr Schaden als Nutzen. Dient zum Abjormen.
B. ...teinsand, eine Menge kleiner, steinichter, nicht zusammenhangender Körner von verschiedener Größe, Figur und Farbe.	1. Uhrsand. 2. Streusand. 3. Mauersand. 4. Schiffsand.	Dient zu Sanduhren, zum Streuen, zum Mauern, zur Beschwerung der Geschiffe, zum Austrocknen, zum Glasmachen ꝛc.

V. Ordnung.　　Vermischte Erden.

Vermischte Erden sind solche, welche dermaßen von verschiedenen Erdarten und andern Dingen zusammengesetzt und verändert sind, daß sie in keine der obigen Ordnungen füglich können eingeschalten werden.

A. ...arten- Bau- Gewächs- Dammerde, ist eine aus vielen Erdarten, und verfaulten Pflanzen- oder Thiertheilchen vermengte Erde.	— —	Die gemeine, oberste Erdlage auf Feldern, Wiesen, Weinbergen, Heiden, in Gärten, Wäldern, aus welcher die Pflanzen hervorwachsen.
B. ...oor- oder Sumpferde, ist eine aus dem Wasser niedergeschlagene, mit vielen Thier und Pflanzentheilen vermischte Erdart.	— —	Ist gut zum Dungen magerer Felder.

<table>
<tr><td>

C.

Farbenerden, sind theils staub-artig, theils thonicht, theils kalkartig, mit mancherley metallischen Bergarten rc. entweder versetzt, oder kalziniret, und abfärbend.

Nicht alle sind schon von Natur aus Farben; sondern werden erst durch eine künstliche Zubereitung und Mischung dazu verfertiget; oder auch aus Metallen kalziniret.

</td><td>

1. Ocker,
2. Berggrün und Bergblau.
3. Umbra.
4. Rothe Hausfarbe.
5. Englischroth.
6. Römischroth.
7. Kölnische Erde; Kasseler Erde; schwarze schwedische Ockererde.
8. Schwarze Kreide, Schieferschwarz.
9. Natürliches Berlinerblau.
10. Schmalte, Eschel.
11. Ultramarin.
12. Bleyocker, natürliches Bleyweiß, Schieferweiß.
13. Mennig.
14. Zinnober.
15. Operment, Rauschgelb.
16. Verschiedene Kugel- und Plattlacke.

</td><td>

Sie dienen vorzüglich zu Farben, unter dem Namen Erdfarben, wodurch man sie von den Saftfarben unterscheidet.

</td></tr>
<tr><td>

D.

Vulkanische Produkte, Erdarten, die von feuerspeyenden Bergen herkommen.

</td><td>

1. Pozzolanerde.
2. Vulkanische Asche.
3. Schlackensand.

</td><td>

Geben guten Mörtel, besonders gegen das Eindringen des Wassers.

</td></tr>
</table>

Anmerkung. Einige Körper besitzen den Namen der Erde mit Unrechte, z. B. Terra Catechu Terra merita &c. Andere, die wahre Erden sind, haben unterschiedliche Beynamen von Erdharzen Salzen, Metallen rc. von dem Geburtsorte, der Farbe, der Gestalt rc. z. B. Terra Siena, Turcica Persica, Muriatica, Carbonaria, Plumbaria &c.

Zweyte Klasse. Die Steine.

Die Steine bestehen aus harten, fest zusammenhangenden, unter dem Hammer zerspringenden Erdtheilen, welche nach Beschaffenheit der Erden, woraus sie zusammengesetzt sind, im Wasser, Feue und Säuren sich verschiedentlich verhalten. Die Entstehungsart, das Gewebe, die Gestalt, Farb u. d. gl. sind unterschiedlich.

I. Ordnung. Kalkartige Steine.

Die kalkartigen Steine bestehen aus alkalischen Erden, mit denen sie gleiche Eigenschaft haben

<table>
<tr><td>

A.

Gemeiner Kalkstein, hat ein rauhes, hartes Gewebe, nimmt keine Politur an; ist von unbestimmter Gestalt und Farbe.

</td><td>

1. Der Mauerkalkstein.
2. Der Weiße.

</td><td>

Giebt den gemeinen Mauerkalt, und die gewöhnliche Tünchterweiße, leistet in der Chymie, Arzney, in Manufakturen zur Lauge, Seife, zum Schmelzen, zum Salpeter, und Zuckerbacken, zum Dungen vortreffliche Dienste.

</td></tr>
<tr><td>

B.

Marmor, hat ein dichtes, hartes Gewebe, läßt sich fein poliren.

</td><td>

1. Die Einfärbigen. a) Der weiße. b) der schwarze. c) der grüne, d) der blaue. e) der rothe. f) der grau-. g) der braune Marmor.
2. Bunte Marmorarten.
3. Glanzmarmor.

</td><td>

Die Marmorsteine werden vorzüglich zur Bildhauerarbeit gebraucht; den Uberfluß pflegt man zu Kalk zu benutzen.

</td></tr>
</table>

Gattungen.	Arten.	Gebrauch.
C. Kalkspath, ist feinblätterich, glänzend, weiß und gefärbt, durchsichtig und unburchsichtig.	1. Pyramidalspath. 2. Säulenspath. 3. Faserichter Kalkspath. 4. Isländischer Krystall, Doppelstein. 5. Würfel-Schuppen-Blätterspath :c.	Nutzen besonders auf Schmelzwerken.
D. Kalkschiefer, ist grobblättricht, spröde, von mancherley Farbe.	1. Schwarze Kreide. 2. Schieferichter Stinkstein. 3. Schiefermarmor. 4. Gemeiner Kalkschiefer.	Geben guten Kalk, werden auf Schmelzwerken benutzt, dienen zum Theile zum Zeichnen, Dachdecken, Platten, zur Verbesserung der Dammerde.
E. Tophstein, eine aus dem Wasser niedergeschlagene, verhärtete Kalkerde.	1. Der gemeine, theils dichte, theils poröse. 2. Babstein, Karlbader Erbsen, bethlehemitische Linsen, Regensteine, Sprudelstein, Knochenstein, Käsefelstein 1c.	Die festern Arten taugen zu Mauersteinen, besonders bey Gewölbern; die dichten Bohsteine lassen sich poliren. Alle dienen als Zuschlag bey strengflüßigen Erzen.
F. Tropfstein, entsteht von dem tropfenweise herabsinkenden, mit Kalke gesättigten Wasser in Höhlen und Klüften.	• Nicht alle Toph- und Tropfsteine sind kalkartig.	Einige Arten stellen die wunderlichsten Naturspiele vor.
G. Mergelstein, eine zusammengebackene Mergelerde, von unbestimmter Gestalt und Farbe; zerfällt leicht in freyer Luft.	Kalk-Sand- und Thonmergelstein.	Liefert einen schlechten Kalk; düngt durch seine Vermischung die Dammerde.
H. Menschen- und Thiersteine, wachsen in den Thierkörpern; werden hier anhangsweise beygesetzt.	1. Nierenstein. 2. Blasenstein. 3. Podagraknoten und Lungensteine. 4. Gallensteine. 5. Unterschiedliche Bezoarsteine. 6. Perlen. 7. Krebsaugen 1c.	Dienen zum Theile zur Arzney, und nebst dem, die Perlen zum Geschmucke. • Nicht alle sind alkalisch.

II. Ordnung.   Gypsartige Steine.

Die Gypssteine brausen mit sauern Salzen nicht auf; zerfallen geröstet zu einem feinen weißen Pulver; phosphoresziren meistentheils.

A. Gemeiner Gypstein, hat ein rauhes, nicht sonderlich hartes, im Bruche etwas schimmerndes, schuppichtes Gewebe; ist durchgehends weiß; nimmt keine Politur an.		Wird zum Ueberweißen, vorzüglich aber zum Abformen und zur Stukaturarbeit verbraucht; seiner zu Estrichen, zum Verkitten 1c.

B. ...er, hat ein weiches, Gewebe; schimmert auf Bruche, nimmt eine Po... ...n.	Die Alabastersteine sind 1. in der Farbe: 2. im Grade der Feinheit unterschieden.	Daraus werden schöne Gefäße, Statuen, Tischplatten rc. verfertiget; er giebt auch ein gutes Gypsmehl.
C. ...ith, ist blättricht, der ...ie unter den Spathen, ...t geschwinde zu Gypse	1. Gypsblume. 2. Federweiß. 3. Gypskrystall, Gypsdruse, Gypswürfel. 4. Schwerspath. 5. Fraueneis, Spiegelstein. 6. Schuppen = Rhomboidal = Scheibenspath, leichter Spath. 7. Bononischer Stein.	Er wird von Goldschmieden, Porzellanmachern, und in verschiedenen Fabriken, und insgemein wie der gemeine Gyps benutzt.
D. ...tein, ein dichter, mit ...zenden Punkten bezeichne... erbharzichter Gypsstein.	— — —	Ist feiner, als Alabaster, und läßt sich auch schöner poliren; stinkt aber, wenn er gerieben wird.

III. Ordnung. Thonartige Steine.

Die Thonsteine werden gemeiniglich, wenn sie rein sind, durch das Brennen härter; viele davon sich drechseln, schneiden, poliren; sind meistens schlüpfricht; die sieben ersten folgenden Gattungen ...Bittersalzerde, die vier letzten Alaunerde mit sich.

A. ...meerstein, spanische Krei..., ist mehrentheils weißlicht, ...t, schlüpfricht, wie Seife; ...färbend.	— — —	Giebt zerrieben feine Wasser- und Oelfarben; dient zum Gläserputzen, zu guten Schmelztiegeln, auch statt der Seifenerde.
B. ...ckstein, ist etwas durchscheinend, hart, fett, von mancherley Farbe.	— — —	Läßt sich poliren, und zu Figuren verarbeiten; taugt zu ... gerieben und mit Thone vermengt zu ... ständigen Gefäßen.
C. ...rpentinstein, ist gemeiniglich schwarz grün, mit grauen, gelblichten, röthlichten Flecken untermischt.	— — —	Sachsen treibt einen großen Handel ... allerley daraus ... Gefäße
D. ...nen = Gries = oder Nierenstein, ein grüner, etwas durchscheinender, harter, fetter Stein, der in schiefrichte Stücke zerbricht.	— — —	Es werden Gefäße daraus verfertigt, die eine Arzneykraft ... sollen.

E. Asbest, Amianth, hat ein faserichtes Gewebe, ist weiß oder weißgrün, leidet im offenen Feuer keine wesentliche Veränderung.	1. Bergflachs. 2. Federasbest. 3. Holzamianth. 4. Stern=Straußasbest, Aehrenstein. 5. Bergfleisch, Schieferamianth. 6. Bergkork, Bergleder. 7. Bimsenstein.	Man kann unverbrennliche Leinwande, Papier u. d. gl. daraus verfertigen. Der Bimsenstein dient zum Poliren.
F. Talk, besteht aus glänzenden Blättchen von ungleicher Fläche, ist fett.	1. Silber=Apothekertalk. 2. Goldtalk. 3. Talkstein. 4. Asbestartiger Talk. 5. Wasser=Reißbley.	Dient zur Schminke, zu Abdrücken. Das Reißbley zu Bleystiften, zu feuerbeständigen Tiegeln, zur Schmiere zum Glätten und Glänzendmachen.
G. Tripelstein, eine stark verhärtete Tripelerde.	Polirstein.	Dient zum Poliren.
H. Rothstein, Röthel, ein seifenartiger, eisenschüßiger, roth abfärbender Stein.	— — —	Wird von Handwerksleuten zum Zeichnen gebraucht.
I. Topfstein, eine halbverhärtete, verschiedentlich gefärbte Häfner=oder Porzellanerde.	— — —	Man pflegt Töpfe und andere Gefäße daraus zu schneiden, zu drehen, und im Feuer hart zu brennen.
K. Glimmer, ein von glänzenden, glatten, biegsamen Blättchen zusammen gesetztes, eisenschüßiges Gestein.	1. Rußisches Frauenglas. 2. Katzengold=Silber=Metall. 3. Eisenrahm, Eisenschwärze. 4. Glimmerkugeln, Drusen rc.	Das Frauenglas dient in Rußland zu Fenstern. Glitzernde Zierrathen. Schwärze.
L. Thonschiefer, läßt sich in Blätter und Tafeln spalten.	1. Tafelschiefer. 2. Dachschiefer. 3. Probirstein. 4. Oelwetzstein. 5. Schieferschwarz. 6. Würfelschiefer. 7. Knauer. 8. Hornschiefer.	Den Gebrauch verräth der Name.

IV. Ordnung. — Glasartige Steine.

Die glasartigen Steine werden entweder schon als natürliches Glas, oder demselben ähnlich funden; oder können durch die Kunst zu Glase geschmelzt werden. Alle schlagen Feuer.

Gattungen.	Arten.	Gebrauch.
A. Edelsteine, sind harte, schwere, reine, durchsichtige, meistens eckichte Steine, von unterschiedlicher Farbe; eine ist zwar immer die Hauptfarbe, aber doch nicht bey einer jeden Art wesentlich und beständig. Die Kostbarkeit hängt ab von dem Grade der Härte, Schwere und des Glanzes.	1. Diamant; bell, klar, ohne Farbe ; farbig, a) Tafelstein, b) Rosette, c) Brilliant. 2. Rubin; roth. a) der Hochrothe. b) Balas. c) Spinell. d) Rubicell. e) Almandine. f) der Violette. 3. Saphir; blau. a) der Männliche b) der Weibliche. c) Katzensaphir. d) Luchssaphir. e) der Wierlette. 4. Topas; gelb. a) der ostindische hochgelbe. b) der westindische bleiche. c) der europäische, Schneckensteiner ꝛc. d) Zeylonischer Diamant. e) Oliventopas. f) Perodoll. g) Pinl. h) Rauch- Franz- Aftertopas. 5. Smaragd: grün. 6. Chrysopras; a) Prasem, lauchfarbig; b) Goldberill, goldgrün c) Smaragdprasem, grasgrün. 7. Chrysolith; goldfarbig. 8. Amethyst; violett. 9. Granat; roth. 10. Hyazinth; rothgelb. 11. Berill; meergrün, Aquamarin. 12. Opal; milchbläulicht, Elementstein. 13. Aschendrecker; Turmallin, dunkelbraun, dunkelroth, grün smaragdenartig.	Sie sind ein kostbarer Geschmuck; wurden vor Zeiten zur Arzney gebraucht. Der Diamant ist auch zum Glasschneiden nöthig.
B. Quarzsteine, sind fest, durchsichtig und undurchsichtig, von verschiedener Gestalt und Farbe; zerbrechen in eckichte, scharfe, schimmernde Stücke, lassen sich feilen.	1. Gemeiner Quarz; a) trockner; b) fetter Quarz; c) blätterichter Quarz. d) Cylinder- Schuppen- Stral- Kugelquarz ꝛc. 2. Bergkrystall mit sehr vielen Abänderungen. 3. Farbige Krystalle, unächte Edelsteine. 4. Kiesel. a) Feldkiesel. b) Quarzkiesel.	Sie lassen sich zu Zierrathen schleifen ; geben durch das Schmelzen ein feines Glas, sind zum Theile gewöhnliche Metallmütter.
C. Hornsteine, haben ein meistens hornartiges, festes, auf dem Bruche körnichtscheinendes, zum Theile durchsichtiges Gewebe.	1. Achat; a) Chalzedonier, Mocca- stein, Cacholong b) Karneol, Steinhanstein, Karneolberill. c) Onyr, Memphit, Augenstein, Katzenauge, Menschenauge, Wolfsauge, Bocksauge ꝛc. Brillenstein, Festungsstein, Camehuja d) Sardonnr. e) Chalzedonnr. f) Korallenstein. g) gemeine Achate, z. B. Hämachat, Jaspachat, Krystallachat, Malachitachat, Achatonnr. 2. Jaspis mit vielen Abänderungen. 3. Gemeiner Feuerstein.	Die meisten lassen sich fein polliren, und künstlich bearbeiten. Sie sind die besten Feuersteine. Der Jaspis dient vortrefflich zu Bildhauerarbeit, und zur edlen Baukunst.

Gattungen.	Arten.	Gebrauch.
D. Sandsteine, sind aus unzähligen kleinen, festzusammenhangenden Sandkörnchen zusammengesetzt.	1. Gemeiner Sandstein. 2. Quaderstein. 3. Mühlstein. 4. Filtrirstein. 5. Sandweystein. 6. Sandschiefer.	Der Gebrauch ist zum Bauwesen, zur Steins und Bildhauerarbeit, und übrigens aus dem Namen bekannt.

V. Ordnung.   Vermischte Steine.

Was von Vermischung der Erdarten ist angemerkt worden, muß auch von den Steinen ver anden werden.

Gattungen.	Arten.	Gebrauch.
A. Gemeiner Schiefer, besteht aus einer Stauberde, die mit Kalke und Thone, nebst salzichten, erdharzichten und metallischen Theilen oft versetzt ist	— — —	Der eigentliche Gebrauch ist zum Dachdecken.
B. Flußspath, Bergfluß, besteht aus einer alkalischen, gypsichten und glasartigen Erde; zerspringt im Feuer mit starkem Knistern in blättrichte Theile; schmilzt für sich nicht, bringt aber andere schwerflüßige Körper leicht in Fluß.	Die Arten unterscheiden sich durch ihre Durchsichtigkeit, Gestalt, Farbe. z. B. Würfelfluß, acht = vieleckiger Fluß, Smaragdenz = Saphirfluß zc. gemeiner Fluß.	Ihr Nutzen ist beym Erschmelzen seb groß, und auch bey Verfertigung der ächten Porzellans.
C. Zeolithen, bestehen aus einer alkalischen und glasartigen Erde; schmelzen im Feuer; lösen sich nach und nach ohne Aufbrausen in Säuren auf.	1. Lasurstein. 2. Spatartiger Zeolith. 3. Kryftallisirter Zeolith.	Der Lasurstein giebt kostbare Gefäße, ui die Ultramarinfarbe.
D. Säulenstein, hat eine säulenförmige Gestalt, ist schwer, glatt, sehr hart; seine Bestandtheile sind ein fettes brennbares Wesen, eine alkalische Salzerde, Kieselerde und viele Eisentheilen.		Die Basalte dienen als Weichbohlfeld = und Markstein, zu guten A bösen, zu Statuen, Säulen, De mälern zc.
E. Schörl, hat die nämlichen Bestandtheile, wie der Basalt, ist aber immer kleiner; und aus feinen, glänzenden Blättchen zusammengewachsen, von mancherley Farbe.	1. Spatartiger Schörl. 2. Kryftallinischer Schörl, Schörlpyramiden, Schörlsäulen, Schörlgranaten.	

Gattungen.	Arten.	Gebrauch.
F. Feldspath, eine aus Kiesel und Kalk zusammengesetzte blätterichte Steinart, ist von mancherley Farbe.	1. Verschiedene gemeine Arten in Ansehung der Bestandtheile, Härte und Farbe. 2. Labradorstein. 3. Krystallinischer.	Dient zu feinem Porzellane; ist vielleicht die Belurze der Elneier.
G. Braunstein, eine alkalische, mit einem brennbaren Wesen und etwas Eisen vermischte Steinart, ist spröde, meistens schwarz, abfärbend.	1. Der derbe und dichte. 2. Der glimmerichte, figurirte. 3. Der sehr harte, Perigord.	Wird von Glasmachern gegen die wilden Farben, von Häfnern zur Glasur und Töpfermalerey gebraucht.
H. Felsstein, ist ein Gemenge von vielen Erd- und Steinarten.	1. Hornfels. 2. Trapp, Wacke. 3. Porphyr, a) der Antique, b) der Wilde. 4. Granit. 5. Graufels. a) Gneis. b) Greis. 6. Wurfstein, Puddingstein. 7. Mandelstein. 8. Niederrheinischer Mühlstein, Mennicherstein. 9. Jaspis-Hornstein-Topfstein-Serpentin-Quarz-Glimmerfels etc.	Sie sind nothwendig zu Befestigung der Erde, geben Metallmütter ab; taugen zu starken Mauern und Pflastern; einige lassen sich poliren, und von Bildhauern bearbeiten.
I. Trasstein, Tarras, ist ein löcherichter, sandichter, sehr eisenschüßiger, mit Schörl und kleinen Bimssteinchen oft versetzter, meistens grauer Stein.	— — —	Dient als Baustein, und vorzüglich, zermahlen und mit Kalke vermischt, zu Zement oder Mörtel gegen das Eindringen des Wassers.
K. Backofenstein, ein weißgrauer oder weißgelblicher, aus thonichten, kieselichten, sandichten kleinen Steinbrocken mit einer feinen Eisenerde zusammengekitteter Stein.	— — —	Dient zu Heerden und Backofenplatten.
L. Blende, eine Steinmasse, die aus glänzenden, färbigen Schuppen besteht, und mit mehrern Steinarten z.B. Wacken, Porphyr, Quarzen, Schiefern, Marmor etc. pflegt verbunden zu seyn.	— — —	Die Blenden enthalten oft besondere Metalle, worauf sie auch in diesem Falle benutzt werden.
M. Lava, eine natürliche Schlacke, welche an Orten, wo feuerspeyende Berge waren oder noch sind, häufig befindlich ist.	Viererley Arten von unterschiedlichen zusammengeschmolzenen Materien.	Man braucht sie zu Gewölbern und Mauern, zu Straßenpflastern, auch zu Statuen.

Dritte Klasse. Die Salze.

Salze sind mineralische Körper, welche für sich einen Geschmack haben, und andern Körpern denselben mittheilen; sich im Wasser auflösen, im Feuer theils schmelzen, theils flüchtig werden. Nicht alle Salze kommen unmittelbar aus dem Mineralreiche.

I. Ordnung. Saure Salze.

Saure Salze haben einen sauern zusammenziehenden Geschmack, brausen mit alkalischen Erden und Salzen auf; färben gemeiniglich die blauen Kräutersäfte roth, sind ätzend und auflösend.

Gattungen.	Arten.	Gebrauch.
A. Die gewöhnlichen Säuren werden durch die Kunst aus andern Körpern geschieden, und in flüßiger Gestalt dargestellt.	1. Vitriol=Schwefel=Alaunsäure. 2. Salpetersäure, Scheidewasser. 3. Kochsalzsäure.	Werden gebraucht die Metalle und andere Körper aufzulösen, und sind in vielen Fabriken und Manufakturen unentbehrlich, dienen in der Chymie und Arzney.
B. Anomalische Säuren, kommen überhaupt mit den gemeinen überein, weichen in besondern Eigenschaften und Wirkungen ab.	1. Flußspathsäure. 2. Arseniksäure. 3. Borarsäure. 4. Luftsäure. 5. Bernsteinsalz.	Der Gebrauch ist chymisch und in physischen Versuchen.

II. Ordnung. Scharfe Salze.

Scharfe oder alkalische Salze haben einen laugenartigen, scharfen, beißenden Geschmack, brausen mit sauern Salzen auf, färben die blauen Kräutersäfte grün.

A. Die Feuerbeständigen, schmelzen in mittelmäßigem Feuer, werden aber darinn nicht flüchtig.	1. Aus Gesundbrunnen, Landseen, Nilwasser. 2. Ausgewittert, mit Erden und Steinen vermischt, auch krystallinisch, z. B. das persische Alkali, Baurach, Mauersalz. 3. Aus einigen Pflanzen.	Geben den Gesundbrunnen, z. B. dem Selzer, Schwalbacher, Lachner ꝛc. ihre Heilkraft, dienen zum Glasmachen, zur Seife, zur Arzney ꝛc. sind von den gemeinen Pflanzenlaugensalzen z. B. der Potasche, dem Cartarsalze ꝛc. sehr unterschieden.
B. Flüchtiges Alkali, hat einen scharf brennenden Geschmack und Geruch, verfliegt im Feuer.	1. Aus mineralischen Wassern, z. B. dem Lauchstätter, Sießhübler ꝛc. 2. Aus Kalkarten und Erdharzen, z. B. dem Stincksteine, schwarzen Marmor, Serpentinsteine ꝛc.	Ist arzneymäßig. Häufiger wird es aus dem Thier= und Pflanzenreiche erhalten, z. B. aus dem Urin, Hirschhorne, Ruße, Miste ꝛc.

III. Ordnung. Mittelsalze.

Die Mittelsalze, Neutrale Salze, sind entweder aus scharfen und sauern Salzen, oder aus einer besondern mit Vitriolsäure durchdrungenen metallischen oder alkalischen Erde zusammengesetzt; sie haben eine krystallinische Gestalt, sind von mancherley Geschmacke.

A. Vitriol, ein styptisches Mittelsalz, welches aus der Vitriolsäure und einer metallischen Erde besteht.	1. Eisenvitriol, grün. 2. Kupfervitriol, blau. 3. Zinkvitriol, weiß. 4. Gemischter Vitriol.	Dient vielfältig in Handwerken und Manufakturen, besonders zur Färberey. Ferner zur Arzney. Sympathisches Pulver.

Gattungen.	Arten.	Gebrauch.
B. Alaun, entsteht aus der Vitriolsäure und einer alkalischen Erde, ein styptisches Salz.	1. Gediegener Alaun, Krystallalaun, Federalaun. 2. Alaunerz, in Schiefern, Steinen, Erden, Hölzern, Wassern.	Zur Arzney, Färberey, zum Glasmalen, Zuckersieden, Papiermachen, Glänzen und Glätten, Stockfischbleren ꝛc.
C. Bittersalz, entsteht, wenn sich die Vitriolsäure mit der Bittersalzerde oder einem Laugensalze verbindet.	1. Aus Sauerbrunnen und Bädern, z. B. das Englische, Pyrmonter, Karlsbader, Sedlitzer ꝛc. 2. Glatschersalz, Glauberisches Wunderfalz ꝛc. viele durch die Kunst zusammengesetzte.	Gehört in die Arzney zum Laxieren. Geschsalz, Purgirsalz.
D. Salpeter, ist weiß, sechseckicht säulenförmig, besteht aus seiner eigenen Säure, und einem fixen, auch etwas flüchtigen Alkali, hat einen kühlenden Geschmack.	1. Gediegener Salpeter. 2. Salpetermauersalz. 3. Würfelichter Salpeter. 4. Flüchtiger Salpeter. 5. Salpetererde.	Nutzet in der Arzney, in den Küchen, in Fabriken, zu Schießpulver ꝛc.
E. Kochsalz, ist weiß, grau und schwärzlicht, würzlicht, besteht aus seiner eigenen Säure, und einem fixen Alkali.	1. Bergsalz. 2. Meersalz. 3. Brunnensalz.	Ist das allgemeinste und nothwendigste Gewürz.
F. Salmiak, ist in federichte Krystalle angeschossen, besteht aus der Kochsalzsäure, und einem flüchtigen Alkali.	1. Der gewachsene. 2. Der gekünstelte.	Ist arzneymäßig, dient dem Scheidekünstler, Färber, Goldschmiede, Kupfer- und Blechschmiede ꝛc. zum Löthen, Verzinnen ꝛc.
G. Borax, ist weiß, meistens sechseckicht, krystallinisch, wie Eis oder Alaun, von scharfem Geschmacke, blaht sich im Feuer auf; besteht aus einem Alkali und seiner eigenen Säure.	1. Natürlicher. 2. Gekünstelter.	Ein gewöhnliches Löthwerk, nutzt den Seidenfärbern, Feuerwerkern, auch in der Arzney, Sedativsalz.

Vierte Klasse. Die Erdharze.

Erdharze sind Mineralien, welche aus entzündlichen Theilen bestehen, und mit einem starken Rauche und Geruche entweder ganz, oder nur zum Theile verbrennen. Sie lösen sich in Oelen, aber nie im Wasser auf.

I. Ordnung Flüßige Erdharze.

Die flüßigen Erdharze quellen entweder aus der Erde und Steinen, oder werden schwimmend auf dem Wasser gefunden, oder aus erdharzichten Körpern gezogen.

A. Naphta, ein weißlichtes oder gelblichtes, sehr leichtes, die Flamme anziehendes Erdöl.	— — —	Sie ist der Grund der flüßigen und meisten festen Erdharzen, wird in Lampen, bey Erleuchtungen, Feuerwerken, zu Firnissen, zur Arzney gebraucht.
B. Bergöl, Stein= oder Erdöl, hat mehr erdhaftes in seiner Mischung als die Naphta, ist daher dunkler, dichter und zäher.	— — —	Wird zu brennlichen Materialien, auch zur Arzney verwendet.
C. Bergtheer, ist viel dicker, zäher, mehr erdhaft als die vorhergehenden, hat eine schwarzbraune Farbe, und einen widrigen Geruch.	— — —	Giebt Firnisse, dauerhafte Kütte, Wagenschmier; dient zu Bestreichung der Bretter, Pfähle, Schiffe, wie Schiftheer, ist äuserlich und innerlich arzneymäßig.
D. Bergfett, ist in Ansehung seines Zusammenhanges ein Mittelding zwischen flüßigen und festen Erdharzen.	1. Finnisches Bergfett. 2. Bergbalsam.	Bergbalsam wird in Persien sehr hoch geschätzt. Man bedient sich seiner zur Arzney.

II. Ordnung. Feste Erdharze.

Die festen Erdharze entstehen aus verschiedener Mischung eines brennbaren Wesens mit allerley Erdarten, Salzen, Steinen, Hölzern, Wurzeln ꝛc. einige sind zäh, andere so dicht und hart, daß sie sich poliren lassen.

A. Amber, ist leicht, undurchsichtig, von einem angenehmen Geruche, schwimmt auf dem Wasser. Seine Bestandtheile sind ein Oel, ein saures Wasser, ein flüchtiges Salz, etwas feine Erde.	1. Ambergries. 2. Gemeiner, einfärbiger Amber.	Ein vortrefliches Rauchwerk. * Einige vermuthen, er komme vom Kachelot, einem Wallfische.
B. Bernstein, besteht aus Bergöle, Wasser, einer glasartigen eisenschüßigen Erde, und einem besondern sauern Salze, ist fett, glatt, elektrisch, durchsichtig, auf dem Feuer wohlriechend, läßt sich drechseln, poliren.	Der Unterschied der Arten rührt her von der Farbe, Feinheit, Reinigkeit und Durchsichtigkeit.	Taugt zu guten Firnissen, Rauchpulvern, zur Arzney, läßt sich zu allerley Zierrathen und Geräthen verarbeiten.

Gattungen.	Arten.	Gebrauch.
C. Kopal, ist an Farbe, Schwere, Gestalt dem Bernsteine ähnlich, aber nicht an Härte, Geruche und Bestandtheilen.	— — —	Giebt einen sehr guten Firniß.
D. Schwefel, besteht aus der Vitriolsäure und einem brennbaren Wesen; brennt mit einer blauen Flamme, und einem erstickenden Dampfe.	1. Gediegener Schwefel; z.B. Jungfernschwefel, Haarschwefel, Schwefelblumen, Badeschwefel, Rubinschwefel rc. 2. Schwefelkiese.	Wird als Rohschwefel, geläuterter Schwefel, Roßschwefel, Schwefelleber, Schwefelbalsam, Schwefeltinktur rc. Zur Arzney, zu Feuerwerken, Schiebpulver, und auf vielerley Weise in Haushaltungen benutzt; die geschliffenen Schwefelkiese sind die berusenen Gesundheitssteine.
E. Bergpech, ist schwarz, zähe, oder hart und spröde; giebt im Brennen einen übeln Geruch.	1. Bergwachs, Erdpech. 2. Judenpech. 3. Gagat, schwarzer Bernstein.	Dienen zu Lacken, Firnissen; der Gagat läßt sich wie Bernstein verarbeiten.
F. Erdkohle, Bergtecherde, eine weiche zerreibliche mit Bergöle oder Bergtheer stark durchdrungene Erde, ist schwarz oder schwarzbraun.	— — —	Ist für sich alleine nicht tauglich zum Feuern, wohl aber mit Holz und Steinkohlen zu Unterhaltung der Hize.
G. Steinkohlen, ein schwarzes, mit Bergöle durchdrungenes, sprödes, meistens thonschieferichtes Gestein.	1. Glanzkohlen. 2. Schieferkohlen.	Zum Einheizen, Kochen, Brauen, Brandweinbrennen, zu Siedereyen, bey Bleichen und Färbereyen, zu Kalk- und Ziegelbrennen, zum Scheiden, Schmelzen rc.
H. Torf, ein Gemenge von Dammerde, und Uiberbleibseln unterschiedlicher Pflanzen, welche mit Erdharze durchdrungen sind.	1. Rasentorf. 2. Moortorf, Pechtorf.	Thut Dienste, wie die Steinkohlen, besonders bey Schmelzung der Eisenerzen.

Fünfte Klasse. Die Halbmetalle.

Halbmetalle sind schwere, glänzende, den Metallen ähnliche Mineralien, die sich aber nicht wie jene, unter dem Hammer ausdehnen lassen. Im Feuer werden sie entweder ganz, oder zum Theil leicht flüchtig.

I. Ordnung. Flüßige Halbmetalle.

Unter den Halbmetallen ist nur eins, welches von Natur flüßig ist.

Quecksilber, ist silberfärbig, undurchsichtig, sehr schwer, im Feuer leichtflüchtig.	1. Das Gediegene. 2. Das Bererzte, Zinnobererz, Hornquecksilber.	Dient auf mancherley Weise zubereitet zur Arzney, hauptsächlich aber zum Schmelzen, Amalgamiren, Vergolden, zu Wettergläsern, zum Spiegelmachen rc.

C

II. Ordnung. Feste Halbmetalle.

Die festen Halbmetalle sind theils weiche, meistentheils aber harte und spröde Körper.

Gattungen.	Arten.	Gebrauch.
A. Spiesglas, ist spröde, fast wie Silber glänzend, im Gewebe blättricht und stralicht; verfliegt nach und nach im Feuer, und zerstört darinn alle Metalle, Gold und Platina ausgenommen.	1. Gediegenes Spiesglas, Spiesglaskönig. 2. Antimonialerze.	Hat in der Arzney eine emetische und diaphoretische Kraft, wird von den Zinngiessern und Goldschmieden, von Giessern zu Glocken, metallischen Spiegeln, Druckerbuchstaben ꝛc. gebraucht; mästet das Federvieh.
B. Vißmuth, Markasit, ist weißgelblicht, etwas röthlicht, weich, im Gewebe blättricht, im Feuer leichtflüßig.	1. Der Gediegene. 2. Wißmutherz.	Macht die Metalle leichtflüßig; dient zum Verzinnen, löthen, Spiegelmachen, Schriftgiessen, Zinngiessen, zu Abdrücken, zur Schminke ꝛc.
C. Zink, Spiauter, ist weißbläulicht, mittelmäßig schwer, nicht gar spröde, färbt das Kupfer gelb, verbrennt mit einer grünlichten Flamme.	1. Gallmey. 2. Zinkblenden. 3. Goßlarisches Zinkerz.	Zu äuserlichen Arzneymitteln, zu Verbesserung des Zinns, zu Verfertigung des Meßings, Tombaks ꝛc. zu Vitriol, zu Feuerwerken, zu Tutanego ꝛc.
D. Arsenick, ist spröde, im Bruche glänzend und blättricht, schwer, verwittert gerne an der Luft, brennt mit einer weißlichtblauen Flamme und einem nach Knoblauch riechenden dicken Dampfe, ist giftig.	1. Gediegenes; a) Scherbenkobolt. b) Fliegenstein. c) Weißer Arsenikkalk. 2. Erze. a) Operment. b) Rauschgelb. c) Mißpickel. d) Schwabengift.	Ist mit Behutsamkeit zu gebrauchen wegen seinem gefährlichen Gute. Der Fliegenstein tödtet die Insekten, das Giftmehl Ratten und Mäuse ꝛc. Operment wird zu Farben, zur sympathischen Dinte gebraucht. Arsenik überhaupt leistet in der Färberey, Chymie, vielen Manufakturen, beym Schmelzen vortreffliche Dienste.
E. Kobolt, ist weißgrau, fast wie ein gehärteter Stahl, spröde, klingend, im Bruche feinkörnicht, aber matt, ist feuerbeständig, und verwandelt sich zu einem blauen Glase.	1. Glanzkobolt. 2. Schlackenkobolt. 3. Koboltblüthe. 4. Koboltmulm, Koboltorden ꝛc.	Aus dem Kobolte wird bekanntlich die Zaffara oder Saffor, wie auch die Schmalte und der Eschel zubereitet. Gebrauch zur Glas- Porzellan- und Emaillenmalerey, zu gefärbten Gläsern, falschen Edelsteinen ꝛc. Die Auflösung zum grünen Feuer, zur sympathetischen Dinte ꝛc.
F. Nickel, ist in seinem Metalle weißlicht, etwas röthlicht, im Bruche spröde, dicht und glänzend, feuerfest, brennt zu einem hellgrünen Kalke, der dem Glase eine Hyazinthenfarbe giebt.	1. Kupfernickel. 2. Nickelocker.	

Sechste Klasse. Die Metalle.

Metalle sind vorzüglich schwere, glänzende Mineralien, welche im Feuer schmelzen, und unter dem Hammer sich ausdehnen lassen.

I. Ordnung. Edle Metalle.

Edle Metalle halten die Kapelle aus.

Gattungen.	Arten.	Gebrauch.
A. Gold, ein gelbes Metall, ist dichter, schwerer, reiner, zäher, geschmeidiger, feuerbeständiger, edler und kostbarer, als alle andere; wird in Königswasser und Schwefelleber aufgelöst.	1. Gediegenes Gold, Grabegold, Waschgold, verlarvtes Gold. 2. Golderz.	Goldblättchen zum Vergolden, Goldfäden zu Borten und Stoffen, Goldmünzen, kostbare Geräthe, Goldtinktur zur Arzney ꝛc.
B. Silber, ist weiß, dicht, zähe, feuerbeständig, nach dem Golde das edelste Metall, löst sich im Scheidewasser auf.	1. Gediegenes Silber, Baumerz. 2. Silbererze. a) Glaserz. b) Hornerz. c) Rothgüldenerz. d) Weißgüldenerz. e) Schwarzerz. f) Weißerz. g) Lebererz. h) Fahlerz. i) Federerz. k) Silberhältige [Erze] insgemein.	Der Gebrauch des Silbers ist überhaupt zu Münzen, Gefäßen, kostbaren Geräthen, Borten, Spitzen, Stoßen, zum Versilbern, u. s. w.
C. Platina, weißes Gold, hat viele Eigenschaften mit dem Golde gemein, kömmt in kleinen, weißlichten, glänzenden, verschiedentlich gebildeten Körnern aus Amerika.	— — —	Die Aus- und Einführung der Platina ist wegen dem Misbrauche zur Verfälschung des Goldes verboten.

II. Ordnung. Unedle Metalle.

Die unedlen Metalle halten die Kapelle nicht aus; sondern werden in anhaltendem Feuer nach und nach zerstört.

Gattungen.	Arten.	Gebrauch.
A. Kupfer, ein rothgelbes, klingendes, ziemlich geschmeidiges, im Feuer schwerflüßiges, von der Feuchtigkeit grün anlaufendes Metall, löst sich in allen Säuren auf.	1. Gediegenes Kupfer. a) Grabekupfer. b) Zementkupfer. 2. Kupfererze. a) Glaserz. b) Fahlerz. c) Kupferkies, Lasurerz, Kupferlasur. d) Kupferblau, Bergblau. e) Kupfergrün, Berggrün, Malachit, Atlaserz, Federerz, gewachsenes Spanischgrün ꝛc. f) Kupfererz insgemein, mit mancherley Beynamen.	Aus Kupfer wird Messing, Prinzmetall, Tombak, Pinschbak, Semilor, Glockenspeise, Überfärbtes Kupfer ꝛc. gemacht. Der Gebrauch zu Münzen, Geschirren ꝛc. ferner die Kupferkalke zu färben, Wundmitteln ꝛc. sind bekannt.

B.

Eisen, ein bläulichtgraues, klingendes, im Feuer schwerflüßiges, sehr hartes und strenges Metall, wird leicht blank, aber auch leicht wieder rostig, löst sich in allen Säuren auf, wird vom Magnete gezogen.
Der meiste Stahl ist ein durch die Kunst verbessertes Eisen.

1. Glaskopf, Blutstein. 2. Eisenspath, Stahlstein. 3. Stahlerz. 4. Grauer Eisenstein. 5. Schwerstein. 6. Eisenwürfel. 7. Eisenocker. 8. Bohnerze, Leseksteine, Wiesensteine. Pfennigerze, Sumpferze rc. 9. Magnetstein. 10. Eisenkies. 11. Eisenglimmer. 12. Schmirgelstein. 13. Wolfram. 14. Eisenbranderz. 15. Unbestimmte Eisenerze.

Eisen und Stahl sind die nothwendigsten Metalle, daher auch die Natur den Stoff dazu am häufigsten mittheilt. Der Magnet ist in seinen Wirkungen wunderbar. Die eisernen Geschirre sind vor den meisten andern Metallen vorzüglich geschickt und gesund zur Bereitung und Aufbehaltung der Speisen und Getränke. Das Eisen ist auch Arzney-mäßig.

C.

Zinn, ist weiß, glänzend, weich, im Feuer leichtflüßig, und das leichteste Metall; löst sich am vollkommensten im Königswasser auf.

1. Zinngraupen.
2. Zinnwei ter.
3. Zinnspath.

Empfiehlt sich durch die daraus verfertigten Gefäße, durch Verzinnen des Eisens, Kupfers, Messings rc. durch den Stanniol, durch die Zinnkalke zum Poliren, Emailliren, zur Glasur, zur Malerey, in seinen Auflösungen zur Färberey rc.

D.

Bley, ist weißbläulich, sehr weich und schwer, im Feuer leichtflüßig, im Scheidewasser auflöslich, hat keinen Klang, unter allen die geringste Zähigkeit und Geschmeidigkeit.

1. Bleyglanz.
2. Bleyschweif.
3. Bleyspath.
4. Bleykalke.
5. Bleyerz insgemein.

Kugeln, Schrot, Fensterbley, Röhren, Rinnen, Särge, Dachdecken, Verbleyungen, vermischte Gußwaaren, Bleykalke zu Glasuren, Malerfarben rc. Bleyglötte zu Firnissen u. d. gl. erheben den Nutzen dieses Metalls.

Zweyter Abschnitt.

Von den zufälligen Mineralien.

Zufällige Mineralien sind diejenigen, welche aus dem Thier- und Pflanzenreiche entstanden, aber zufälliger Weise in das Mineralreich mit Beybehaltung ihres organischen Baues übergegangen sind. Diesen werden die Naturspiele anhangsweise beygesetzt. Sie helfen die Geschichte des Alterthums erläutern; werden als wunderbare Seltenheiten in den Naturalienkammern aufbehalten; und sind von dem nämlichen Gebrauche der Steinarten, deren Natur sie angenommen haben.

Erste Klasse. Versteinerungen aus dem Thierreiche.

Diese sind entweder ganz, oder zum Theile versteinerte Thiere. Man erkennt sie durch Vergleichung mit dem Urbilde, davon sie den Namen behalten.

I. Ordnung. Versteinerungen von säugenden Thieren.

Von diesen kommen sehr selten ganze Körper vor; sondern meistens nur einzelne Stücke.

A. Versteinerte Menschen sind außerordentlich selten, das mehrste ist mehr Kalginirt, als wirklich versteinert.	1. **Ganze Menschen.** a) Bey Aix in Frankreich, b) zween vitriolisirte Körper bey Fahlun in Schweden, c) Menschengerippe bey Reutlingen in Schwaben, und bey Freyberg in Sachsen. 2. **Einzelne Theile,** z. B. Hirnscheitel, Rippen, Kinnbacken, Rückwirbel, Röhrknochen, Zähne ꝛc.
B. Versteinerte vierfüßige Thiere werden selten ganz gefunden.	1. **Ganze Gerippe.** a) eines Hirsches im Veronesischen (b einer Affenart im Meinungischen c) eines Elephanten zwischen Gotha und Langensalza, auch bey Baden unweit Wien; d) eines Ochsen unweit Querfurt, einer Wassermaus in Böhmen. 2. **Einzelne Stücke,** vielfältig von Ochsen, Elephanten, Hirschen, Pferden, Schweinen, Mäusearten, Ziegen, vom Nasborne ꝛc. 3. Das gegrabene Elfenbein ist gemeiniglich nur verkalket.
C. Versteinerungen von Seethieren.	1. Kinnläden, Knochen, Wirbelknochen, Rippen, 2. Vom Narval, gegrabenes Einhorn.

II. Ordnung. Versteinerungen von Vögeln.

Vogelsteine. Ganze Vögel sind noch nie gefunden worden. Einzelne Theile sind oft nur Ubersinterungen oder Bildsteine.	Schnäbel, Federn, Krallen, Knochen. Oft sind diese Stücke unverändert, oft nur Abdrücke. Vogelsnester mit oder ohne Eyer sind nur inkrustirt.

III. Ordnung. Versteinerungen von Amphibien.

Amphibiensteine, von solchen, welche, harte Knochen oder Gräte haben.	1. Von Kriechenden, z. B. von Schildkröten, Krokodillen, Kröten. 2. Von Schleichenden, z. B. Schlangenarten; sind sehr zweifelhaft. 3. Von Schwimmenden, z. B. die Natterzungen, Zähne vom Hayfische

---

IV. Ordnung. Versteinerungen von Fischen.

Fischsteine, theils wahre Versteinerungen, theils nur Abdrücke.	1. **Ganze Fische,** meistens einzelne Theile, namentlich von Barschingen, Hechten, Karpfenarten, Meerscorpionen, Makarellen, Kabeljauen, Schwerdfischen, Seitenschwimmern, Heringen ꝛc. 2. **Besondere Fischsteine,** a) Der Turkis, ein Zahn vermuthlich eines Fisches. b) Kröten- oder Froschstein, ein Zahn, vielleicht des Meerwolfes, heißen auch Schwalbensteine, Schlangenaugen. 3. **Die Fischrogensteine** gehören unter die Tropf- und Topfsteine; oder unter die Naturspiele.

V. Ordnung. Versteinerungen von Insekten.

Man bewundert oft Werke gewinnsüchtiger Menschenhände als auserordentliche Naturwunder; oder die Einbildungskraft muß ersetzen, was in der That abgeht; öfters sind es Ausdrücke von Pflanzen, oder Naturspiele, was man als versteinerte Insekten vorweiset.

A. Landinsektensteine, sind überaus selten.	Spinnen-, Ameisen- Käfer-, Fliegen-, Wasserjungfern, Steinfliegen-, Raupenthierversteine.
B. Wasserinsektensteine bisweilen.	1. Von Krebsarten. 2. Von Schildthen, dem moluctischen Krebse.

VI. Ordnung. Versteinerungen von Würmern.

An versteinerten Landwürmern ist überhaupt billig zu zweifeln. Was von diesen erzählt wird, die Landschnirkelschnecken ausgenommen, darauf passet noch besser, was bey der vorhergehenden Ordnung ist angemerkt worden. Desto häufiger ist die Anzahl der versteinerten Meerwürmer, oder vielmehr ihrer Gehäuse.

A. Meerigelsteine, Seeäpfel mit und ohne Stacheln.	1. Helmförmiger Schnitt. 2. Hutförmiger 3. Schildförmiger. 4. Knopfförmiger. 5. Herzförmiger. 6. Warzenförmiger, türkischer Bund, Seekrone. 7. Kranzförmiger. 8. Scheibenförmiger. 9. Fünfölättrichter. 10. Ballförmiger. 11. Judensteine, Stacheln von Meerigeln.
B. Seesterne, theils ganz, theils stückweise.	1. Sternförmige, z. B. die Sonne, der Komet, der Netzstern, der Knotenstern, die Seepastete, der Stachelstern. 2. Stralichte, z. B. der Schlangenschwanz, der Kammschwanz, das Medusenhaupt.
C. Versteinerte Schalenthiere, Conchylien.	1. Versteinerte Schneckengehäuse. a) Ungewundene, uneigentliche Schneckensteine, Tubuliten. a) Einfache. 1. gerader Röhrenstein. 2. Zahnröhrenstein. 3. Wurmröhrenstein. ß) Vielkammerichte. 1. Belemnit. 2. Ertholeratit. b) Gewundene, eigentliche Schneckensteine, Cochliten. a) Einfächerichte. 1. Schwimmschneckenstein. 2. Posaunenschneckenstein. 3. Kugelschneckenstein 4. Schraubenschneckenstein. 5. Kräuselschneckenstein. 6. Walzenschneckenstein. 7. Kegelschneckenstein. 8. Stachelschneckenstein. 9. Porzellanschneckenstein. 10. Landschneckenstein. ß) Vielkammerichte 1. Ammonshorn. 2. Bischofsstab. 3. Schiffschneckenstein. 4. Pfennigstein. 2. Muschelsteine, Conchiten. a) Einschalichter, Schüffelmuschelstein. b) Zweyschalichte. a) mit gleichen Schalen. 1. Kleiner Kammuschelstein 2. Gienmuschelstein. 3. Petrunkulit. 4. Batardit. 5. Miesmuschelstein. 6. Muskulit. 7. Nagelmuschelstein. 8. Tellmuschelstein. 9. Tellermuschelstein. ß) mit ungleichen Schalen 1. großer Kammuschelstein. 2. Austerstein. 3. Greifmuschelstein. 4. Bohrmuschelstein. 5. Miesmuschelstein. 6. Mannigenstein. 7. Steckmuschelstein. c) Vielschalichte Muschelsteine. 1. Kakadumuschelsteine. 2. Meerigel ...

D. ● Verſteinerte Korallen.	1) Röhrenkorallen, z. B. Seeorgel, Kettenkorallit, Bändelröhrchen. 2) Sternkorallen. a) mit einfachen Sternen, z. B. die Warzenkoralle der Irrgarten, die Neptunsmütze. b) Mit zuſammengeſetzten Sternen z. B. der Steinſchwamm, der Seehonigkuchen, die Seeananas, verſchiedene Sternſteine. c) Mit zuſammengeſetzten ganzen Körpern; z B. Kelchkoralle, Orgelſtein, Eiſen-Dorn-;Gewürznelkenkoralle, Kohlſtruuk. 3) Punktkorallen; z. B. Zucker-Netz-Spitzen-Manſchettenkoralle. 4) Zellenkorallen; z. B. Schwammſtein, Binſen-Warzenkoralle.
E. Verſteinerte Thierpflanzen.	1) Von der edlen Koralle; a) Einzelne Stücke von der Königskoralle b) Von der Räderkoralle, a) ganze Lilienſteine; b) Stiele davon, Malzenſteine; y) Glieder des Stiels, Räderſteine. c) Von der Meerpalme a) Der ganze Stamm, Pentakrinit, Tulpenſtein. b) Stücke davon, Sternſäulenſtein. y) Einzelne Glieder, Sternſteine. d) Vielleicht gehören auch hierher der Nelken-und Schraubenſtein. 2) Von der Hornkoralle, zuweilen das Seehorn; als Abdrücke, der Seenabel, das Seenetz, der Seeſächer. 3) Vom Seekorke, z. B. Korkbaum, Fingerkork, Korkmieren, Mannshand Seepomeranze, Seebeutel, Eerball, Seefeigs. 4) Von Meerſchwämmen, z. B. Becher-Röhren-Apothekerſchwamm 5) Von Seeruben, z. B. Blätter-Haar-Papier-Streifrinde. 6) Vom Seelöcher, z. B. der Cylinderlöcher. 7) Von Korallenmooſen, z. B. Hörner-Bartmoos. 8) Von Korallinen, nur Abdrücke auf Schiefern.

Zweyte Klaſſe. Verſteinerungen aus dem Pflanzenreiche.

Zu Pflanzenſteinen ſind nur diejenigen Pflanzenarten fähig, welche wegen ihrer Härte und Feſtigkeit der Verweſung länger wiederſtehen können. Es giebt überhaupt nicht ſo zahlreiche wahre Verſteinerungen aus dem Pflanzenreiche, als aus dem Thierreiche. Oefters ſind es bloße Abdrücke oder Ueberſinterungen, theils nur Steinkerne, theils auch nur Bildſteine.

A. Holzſteine, haben ihre Benennung von dem Gehölze, wovon ſie abſtammen.	1) Wahre Verſteinerungen, z. B. Dryit, Phegit, Phyllyrit, Klethrit, Santalit, Platanit, Daphnit u. ſ w. 2) Mit Bergharze mineraliſirte Hölzer, z. B. Taubkohlen.
B. Wurzelſteine, ſind ſelten ächte Verſteinerungen.	Unter einem beſondern Namen iſt bekannt der Beinbruch, Knochenſtein.
C. Kräuterſteine, bloße Abdrücke, oder inkruſtirte Dinge.	Z. B. Seegräſer, Farrenkräuter, Mooſe, und harte Waldkräuter.

D.

Blättersteine, meistens nur Abdrücke und Uibersinterungen.

Sie haben den Namen von der Pflanze, wovon sie entstanden sind.

E.

Blumensteine.

Abdrücke oder Naturspiele.

F.

Fruchtsteine.

Selten wahre Versteinerungen; gemeiniglich nur Bildsteine, oder Arten von
Toph und Tropfsteinen; oder Abdrücke und Uibersinterungen.

Dritte Klasse.   Die Naturspiele.

Die Naturspiele gehören ihrem ursprünglichen Wesen nach in das Mineralreich; heißen aber zu
fällige Mineralien, weil sie sich durch eine zufällige Zeichnung oder eine ganz ungewöhnliche Bildung
von andern ihres Geschlechtes außerordentlich unterzeichnen.

A.

Bemalte Steine, mit unterschiedlichen Zeichnungen von
Menschen, Thieren, Buchsta-
ben, Handwerkszeugen, Land-
schaften, Bäumen, Blumen,
2c Die vorzüglichsten sind:

1) **Landschaftssteine**, Landcartensteine.
2) **Ruinensteine**, z. B Florentiner Landschaftssteine, Landgegenden
mit Trümmern von Städten, Thürmen, alten Schlössern 2c.
3) **Baumsteine**, Dendriten, z B. Ericiten, Dendritrosen, Nemolithen
Jctyotrophiten, Limniten, Chorolithen, Lichaniten, Stigmiten
Pseudoastroiten.

B.

Bebildete Steine, haben die
Gestalt einer Pflanze oder eines Thieres oder sonst eine ungewöhnliche Figur.

1) Konfelsteine von Tivoli, u. d. gl. überzuckerte Mandeln 2c.
2) Erbsen-Bohnen-Linsensteine; unächte, sonst als ächt beschriebene Ver
steinerungen, bloße Naturspiele, z. B Erd- und Baumschwämme, Tan
nenzapfen, Blumenkohl, Aepfel, Kornähren, Fischrogen, Knochen 2c
vorstellende Steine.
3) Eisenblüten, oder Korallenförmige Kallsinter, viele Tropfsteine.
4) Viele Steinkerne und Abdrücke.
5) Adersteine, Klappersteine, Achat-Chalzedon-Krystallkugeln, Krystall
äpfel oder Spathklöße, Kreidekugeln 2c.

Zweyter Theil.
Das Pflanzenreich.

Jn das Pflanzenreich gehören alle organisirte Körper, welche wachsen, leben; aber weder Empfindung haben; weder sich willkürlich bewegen können.

Erster Abschnitt.
Von dem Wachsthume und der Fortpflanzung.

I. Zu dem Wachsthume gehören, und sind zu beobachten.	**A.** Die Wurzel.	1. Ihre Rinde. 2. Das holzige Wesen. 3. Das Mark.
	B. Der Stamm.	1. Seine Rinde. 2. Das Holz. 3. Das Mark. 4. Aeste und Zweige.
	C. Die Blätter.	1. Ihre Theile. 2. Ihr Nutzen.
	D. Die Stützen.	3. B. Häkchen, Gäbelchen, Schlingen, Dörner ꝛc.
	E. Der Nahrungssaft.	1. Aus der Erde. 2. Aus der Luft. 3. Verschiedenheit desselben. 4. Kreislauf desselben.
	F. Die Ausdünstung.	1. Die Unsichtbare. 2. Die Sichtbare.
	G. Die Wirkung der Luft.	1. In den Pflanzen. 2. Ausserhalb.
II. Zur Fortpflanzung gehören.	**A.** Ausschößlinge der Wurzel.	1. Neue Stämmchen. 2. Zergliederung der Wurzel. 3. Nebenzwiebeln.
	B. Augen und Zweige.	1. Oculiren. 2. Ab- und Einlegen. 3. Pfropfen ꝛc.
	C. Die Blüten oder Blumen.	1. Der Kelch. 2. Die Blumenblätter. 3. Die Blumenstaubfäden. 4. Die Blumenstaubwege. 5. Der Fruchtboden. 6. Faden- oder männliche Blumen; Keulchen- oder weibliche Blumen; Zwitterblumen; mit halb oder ganz getrennten Geschlechtern; mit verborgenen Geschlechtern.
	D. Die Frucht.	1. Das Samenbehältniß. a. Kapsel. b. Fruchtbalg. c. Schote. d. Hülse. e. Kernfrucht. f. Steinfrucht. g. Beere. ꝛc. h. Zapfen. 2. Der Same. a. Die Haut. b. Der Kuchen. c. Der Keim.
	D	

Zweyter Abschnitt.

Eintheilung der Pflanzen in besondere Klassen, Gattungen und Arten.

Die Pflanzen werden in dem weitschichtigsten Verstande in Perennirende und Jährige eingetheilt. Die Alten haben sie bloß nach der äußern allgemeinsten Aehnlichkeit überhaupt eingetheilt in Bäume, Stauden, Sträucher und Kräuter. Herr von Linne richtete sein System ein nach der Verschiedenheit der Geschlechter.

I. Pflanzen, deren Blumen und Befruchtung mit bloßen Augen gesehen werden.

A. Zwitterblumen.

  a. Mit Staubfäden, welche nicht zusammen gewachsen sind.

    α. Mit Staubfäden von einerley Größe.

    1. Mit einem Staubfaden.
    2. Mit zweenen Staubfäden.
    3. Mit dreyen Staubfäden.
    4. Mit vier Staubfäden.
    5. Mit fünf Staubfäden.
    6. Mit sechs Staubfäden.   { XIII. Klassen.
    7. Mit sieben Staubfäden.
    8. Mit acht Staubfäden.
    9. Mit neun Staubfäden.
    10. Mit zehn Staubfäden.
    11. Mit zwölf Staubfäden.
    12. Mit zwanzig Staubfäden.
    13. Mit mehr als zwanzig Staubfäden.

    β. Mit Staubfäden von verschiedener Größe.

    14. Mit 4. Staubfäden, worunter 2. länger sind.
    15. Mit 6. Staubfäden, worunter 4. länger sind.   } II. Klassen.

  b. Mit zusammen gewachsenen Staubfäden.

    16. Mit Staubfäden, die an ihrem Untertheile in einen Körper zusammengewachsen sind.
    17. Mit Staubfäden, die an ihrem Untertheile in zween Körper zusammen gewachsen sind.
    18. Mit Staubfäden, die an ihrem Untertheile in mehrere Körper zusammen gewachsen sind.   } V. Klassen.
    19. Mit Staubfäden, die an dem Obertheile zusammengewachsen sind.
    20. Mit Staubfäden, die an den Staubwegen zusammen gewachsen sind.

B. Männliche und Weibliche Blumen in Pflanzen von der nämlichen Art.

  21. Bloß männliche und bloß weibliche Blumen auf der nämlichen Pflanze.
  22. Bloß männliche und bloß weibliche Blumen auf verschiedenen Pflanzen einerley Art.   } III. Klassen.
  23. Zwitterblumen, und bloß männliche oder weibliche in der nämlichen Pflanzenart.

II. Pflanzen mit verborgenen Geschlechtern.

  24. Pflanzen, deren Blüten innerhalb der Frucht sind, oder wegen ihrer Kleinheit mit bloßem Auge nicht gesehen werden.   { I. Klasse.

Erſte Klaſſe. Zwitterpflanzen mit einem Staubfaden.

I. Ordnung.
Mit einem Staubwege.
11. Gattungen.

> 3. B. Ingwer. Kardamome. Koſtwurz. Galgant. 1. Glasſchmalz 2.

II. Ordnung.
Mit 2. Staubwegen.
4. Gattungen.

> 3. B. Beermelde. 3.

Gebrauch. { 1. Sie dienen als Gewürze in den Haushaltungen, und zur Arzney. 2. Glasſchmalz liefert die berühmte ſpaniſche Potaſche. 3. Beermelde ein Färberkraut.

Zweyte Klaſſe. Zwitterpflanzen mit zweenen Staubfäden.

I. Ordnung.
Mit 1. Staubwege.
29. Gattungen.

> 3. B. Oelbaum. 1. Ehrenpreis. Rosmarin. Salbey. Gnadenkraut. 2. Jasmin. Flieder. 3. Beinholz. Wolfsfuß 4

II. Ordnung.
Mit 2. Staubwegen.
1. Gattung.

> 3. B. Ruchgras. 5.

III. Ordnung.
Mit 3. Staubwegen.
1. Gattung.

> Pfeffer. 6.

Gebrauch. { 1. Das Baumöl. 2. Arzneypflanzen. 3. Zierde in Gärten. 5. Ein wohlriechendes, geſundes Futtergras. 6. Ein h.zigʒes Gewürz. 4. Zum Schwarzfärben auf Leinwand.

Dritte Klaſſe. Zwitterpflanzen mit dreyen Staubfäden.

I. Ordnung.
Mit 1. Staubwege.
29. Gattungen.

> 3. B. Safran. 1. Baldrian. 2. Tamarindenbaum. 3 Binſengras. Schwerdlilie. 4. Wollgras. 5. Paipiercyperngras. 6.

II. Ordnung.
Mit 2. Staubwegen.
29. Gattungen.

> 3. B. Zuckerrohr. 7. Haber, Gerſte, Rocken, Weizen, Spelze. 8. Treſp, Dort. 9. Kanariengras. 10. Die meiſten Futtergräſer. 11.

III. Ordnung.
Mit 3. Staubwegen.
11. Gattungen.

> 3. B. Sparre.

Gebrauch. { 7. Zucker. 8. Gewöhnliche Nahrung für Menſchen und Viehe. 11. Viehfutter, ſowohl grün, als gedörret. 9. Schädlicher Same unter dem Getreide. 10. Kanarienſome für Vögel. 1. Gewürz, Arzney, Farbe. 2. Arzneykraut. 3. Eingewachte Tamarinden; Tamarwenſaft. 6. Papier der Alten. 5. Wolle zum Spinnen, Ausſtopfen ꝛc.

Vierte Klaſſe. Zwitterpflanzen mit vier Staubfäden.

I. Ordnung.
Mit 1. Staubwege.
61. Gattungen.

> 3. B. Waldmeiſter. 1. Sinau. 2. Wegerich. 3. Labkraut. 4. Färberröthe. 5. Kartendiſtel. 6. Dürlizen. 8. Scabioſe. 7.

II. Ordnung.
Mit 2. Staubwegen.
6. Gattungen.

> 3. B. Flachsſeide. 9.

III. Ordnung.
Mit 4. Staubwegen.
7. Gattungen.

> 3. B. Stechpalme. 10.

Gebrauch. { 1. 4. 5. Arzney- und Färberpflanzen. 2. 3. 6. 7. 2. Arzneykräuter. 6. Die Tuchmacher und Walker fragen damit die wollenen Tücher. 8. Die Frucht iſt eßbar, davon eine Latwerge, Diacornon. Zweige und Blätter zum Gerben. 10. Die Rinde giebt Vogelleim; das Holz taugt zu Drechſeler- und Tiſchlerarbeit.

Fünfte Klasse. Zwitterpflanzen mit fünf Staubfäden.

I. Ordnung.
Mit 1. Staubwege.
139. Gattungen.

Z. B. Scduchbeil. 1. Ochsen-
zunge. 2. Allraun. 4. Fel-
senstrauch. 5. Kasse. 6. Fie-
berrinde. 7. Scammonie;
Jalappe. 8. Wolfskirsche. 9.
Borretsch; Glockenblu-
men. Stechapfel. 10. Spiß-
baum. 11. Senißabaum. 12.
Epheu. 13. Bilsenkraut 14.
Ipecacuanha. 15. Je
sunaer, je lieber. 17. Lesi-
macher; Biberklee. 16. Ole-
ander. 18. Tabak. 19.
Schlüsselblume. 20. Lun-
kraut. Wegdorn. 21. Nacht-
schatten. 22. Grundbirne. 23.
Johannisbeere. 24. Kloster-
beere. 24. Krähenaugen. 25.
Beinwell. 26. Wein-
stock. 27.

II. Ordnung.
Mit 2. Staubwegen.
69. Gattungen.

Z. B. Dill; Fenchel. 27. En-
gelwurz. 28. Peterfilie. 29.
Hundskohl. 30. Mangold. 31.
Mutterharz. 32. Kälber-
kropf. 33. Wurmsamen. 34.
Kümmel. 35. Wüterich;
Schierling. 36. Körbel. 37.
Koriander; Anis. 38. En-
zian. 39. Teufelsdreck. 40.
Pastinake; gelbe Rübe. 41.
Pimpinelle. 42. Heilwurz 43.
Ulmenbaum. 44.

III. Ordnung.
Mit 3. Staubwegen.
15. Gattungen.

Hünerdarm. 45.
Färber-Gerberbaum. 46.
Firnis-Kopalbaum. 47.
Gelbholz. 48.
Hollunder 49.
Pimpernußbaum.
Tamarisken. 51.

IV. Ordnung.
Mit 4. Staubwegen.
2. Gattungen.

Z. B. Einblatt.

V. Ordnung.
Mit 5. Staubwegen.
10. Gattungen.

Z. B. Beerangelike. 52.
Lein 53.
Sonnenthau.
Grasblume.

VI. Ordnung.
Mit mehr als 5. Staub-
wegen. 1. Gattung.

Z. B. Mäuseschwanz.

Gebrauch.

Die meisten Pflanzen dieser Klasse gehören zur Arzney, besonders 7. 8. 15. 16. 20. 21. 27. 38. 1. 26. 40. 43. 42. 45. 51.
52. 34. 39. 13.
Zu den Küchengewächsen und Gewürzen gehören 23. 27. 29. 31. 35. 37. 38. 41. 42.
Eßbare Früchte 24. 11. 27. 23. 31.
Edle Getränke. 6. 27.
Zur Haushaltung 53. Leinöl; Flachs; Leinwand. 32. Delawad; Zeuge; Papier u.
Harz und Gummi. 32. Galbanum. 43. Opopanax.
Zur Färberey. 46. 48. 49. 3. 21. 25. 32. 12.
Zur Gerberey. 46. 49.
Zu Firnissen. 47.
Tabak, zum Schnupfen, Rauchen u.
Zum Verarbeiten taugliche Hölzer. 44. 11. 48.
Zu Luftstörten. 17. 18.
Giftige Gewächse. 5. 10. 4. 9. 14. 22. 25. 36.

Sechste Klasse. Zwitterpflanzen mit sechs Staubfäden.

I. Ordnung.
Mit 1. Staubwege.
55. Gattungen.

{ 3. B. Narcißlilie. 1. Kalmus. 2. Agave. 3. Knoblauch; Zwiebeln. 4. Aloe. 5. Goldwurz. 6. Spargen. 7. Sauerdorn. 8. Ananas. 9. Maublumen. 10. Drachenbaum. 11. Narcisse. Hyacinthe. Lilie. Tulpe. 10. Tuberose 12. Meerzwiebel. 13. Yucca 14

II. Ordnung.
Mit 2. Staubwegen
2. Gattungen.

{ 3. B. Reiß 15.

III. Ordnung.
Mit 3. Staubwegen.
9. Gattungen.

{ 3. B. Zeitlose. 16. Grindwurz. Sauerampfer. 17.

IV. Ordnung.
Mit 4. Staubwegen.
1. Gattung.

{ 3. B. Petiverie.

V. Ordnung.
Mit mehr als 5. Staubwegen. 1. Gattung.

{ 3. B. Fröschlöffel

Gebrauch.

{ Für Blumenliebhaber 1. 10. 12.
Zur Arzney. 2. 4. 13. 11. 5. 8. 17.
Zur Haushaltung; Zucker, Honig, Essig, Faden, Seile, Kleidung, Schuhe, Teller, allerley Hausgeräthe. 3. 5. 14.
In die Küchen, zur Speise. 4. 7. 9. 15. 17. 6.
Zur Färberey. 8. 17.
Zu Holzarbeiten. 8. 3.
Giftig. 16.

Siebente Klasse. Zwitterpflanzen mit sieben Staubfäden.

I. Ordnung.
Mit 1. Staubwege.
3. Gattungen.

{ 3. B. Wilde Kastanie.

II. Ordnung.
Mit 2. Staubwegen.
1. Gattung.

{ 3. B. Randknoten.

III. Ordnung.
Mit 4. Staubwegen.
1. Gattung.

{ 3. B. Eiderenschwanz.

IV. Ordnung.
Mit 7. Staubwegen.
1. Gattung.

{ 3. B. Septas.

Gebrauch

{ Wilde Kastanie, Roßkastanie soll den keuchenden Pferden heilsam seyn. Die zerriebene Frucht erregt Niesen; dient verschiedentlich zubereitet als Viehfutter; giebt Stärkmehl. Das Holz ist nicht tauglich zum brennen.

Achte Klasse. Zwitterpflanzen mit acht Staubfäden.

I. Ordnung.
Mit 1. Staubwege.
32. Gattungen.

{ 3. B. Balsamstrauch. 1. Heide. Santelbaum. 2. Kapuzinerkresse. 3. Heidel = Preußel = Moosbeere. 4.

II. Ordnung.
Mit 3. Staubwegen.
4. Gattungen.

{ 3. B. Weinmannische Pflanze.

III. Ordnung.
Mit 3. Staubwegen.
5. Gattungen.

{ Wegtritt. Natterwurz. Flöhkraut. 5. Heidekorn. 6.

IV. Ordnung.
Mit 4. Staubwegen.
3. Gattungen.

{ 3. B. Bisamkräutchen. Einbeere. 7.

Gebrauch.

{ 1. Der kostbare Balsam aus Arabien. Gummi Elemi. 2. Santelholz; weißes, rothes. Eßbare Früchte. 4. 6. Arzneypflanzen. 1. 2. 5. Färber = und Futterpflanzen. 4. 5. Giftige Gewächse. 7.

Neunte Klaſſe. Zwitterpflanzen mit neun Staubfäden.

I. Ordnung. Mit 1. Staubwege. 4. Gattungen. { Lorbeer. Zimmet. 1. Kampferbaum. 2. Benzoe. 3. Saſſafras. 4.

II. Ordnung. Mit 3. Staubwegen. 1. Gattung. { z. B. Rhabarber. 5.

III. Ordnung. Mit 6. Staubwegen. 1. Gattung. { z. B. Waſſerviole.

Gebrauch. { Zimmetrinde, ein köſtliches Gewürz. 1. Kampfer, ein berühmtes Harz. 2. Lorbeerblätter, ein Gewürz. 3. 1. 2. 3. 4. 5. berühmte Arzneypflanzen.

Zehnte Klaſſe. Zwitterpflanzen mit zehn Staubfäden.

I. Ordnung. Mit 1. Staubwege. 51. Gattungen. { Mehlbeerſtaude. 1. Eſchenblätterſtrauch; Purgircaſſie. 2. Copaivabalſambaum. 3. Diptam. 4. Braſilienholz. Gnadenholz. 5. Campecheholz. Bennusbaum. Porſt. 6. Heuſchreckenbaum. 9. Raute. 10. Storax. 11.

II. Ordnung. Mit 2. Staubwegen. 11. Gattungen. { z. B. Nelke. 12. Seifenkraut. 13. Steinbrech. 14.

III. Ordnung. Mit 3. Staubwegen. 12. Gattungen. { z. B. Sandkraut.

IV. Ordnung. Mit 5. Staubwegen. 14. Gattungen. { z. B. Raben-Bilimbi. 15. Sauerklee. Sparr. 16. Fette Henne. 17.

V. Ordnung. Mit 10. Staubwegen. 2. Gattungen. { z. B. Kermesbeere. 18.

Gebrauch. { Zur Arzney gehören vorzüglich 2. 10. 4. 13. 17. Braſilienholz, Franzoſenholz Grießholz; Campecheholz dienen theils zur Arzney, theils zur Färberey, theils zu feiner Holzarbeit. Von dem Heuſchreckenbaume iſt das Gummi animae. Die Nelkenarten für Blumenliebhaber. Zur Färberey. 18. Zur Gerberey. 1. 6. Futterkräuter. 16. Seifenkräuter. 13. 15. Balſam. 3. Rauchwerk. 11.

Eilfte Klaſſe. Zwitterpflanzen mit zwölf Staubfäden.

I. Ordnung. Mit 1. Staubwege. 20. Gattungen. { z. B. Haſelwurz. 1. Mangoſtanbaum. 2. Weiderich. 3. Portulak. 4.

II. Ordnung. Mit 2. Staubwegen. 2. Gattungen. { z. B. Odermennig.

III. Ordnung. Mit 3. Staubwegen. 2. Gattungen. { z. B. Euphorbie. 5. Reſede. Wau 6. Eſelsmilch. 7.

IV. Ordnung. Mit 5. Staubwegen. 1. Gattung. { z. B. Glinus.

V. Ordnung. Mit 8. Staubwegen. 1. Gattung. { z. B. Sternanis. 8.

VI. Ordnung. Mit 12. Staubwegen. 1. Gattung. { z. B. Hackwurzel. 9.

Gebrauch. { Zur Arzney dienen. 1. 3. 4. 5. 9. 8. Zur Färberey. 6. 2.

Zwölfte Klasse. Zwitterpflanzen mit zwanzig Staubfäden.

I. Ordnung. Mit 1. Staubwege. 10. Gattungen.	Pferfich - Mandel - Aprikofen - Pflaumen - Kirfchenbaum. 1. Cochenillenfeige. 2. Myrtenbaum. 3. Granatbaum. 4. Schlehen. 5. Cactus.	**II. Ordnung.** Mit 2. Staubwegen. 1. Gattung.	3. B. Hagedorn.
III. Ordnung. Mit 3. Staubwegen. 2. Gattungen.	3. B. Vogelbeere. Speyerlinge. 7.	**IV. Ordnung.** Mit 5. Staubwegen. 5. Gattungen.	3. B. Mispeln. Birn Apfel - Quittenbaum. 8 Geißbart. 9.
V. Ordnung. Mehr als 5. Staubwege. 9. Gattungen.	3. B. Erdbeere. 10. Potentille. Merzwurz. 11. Rofenftrauch. 12. Himbeere. Brombeere. 13. Tormentill. 14.	Gebrauch.	Erd - und Hymbeere, und befonders die leztere ein gemachte, eine liebliche Speife. Steinobft; 1. Kernobft; 8. 7. 4. nützen auf unzählige Weyfe in der Haushaltung durch ihren Genuß, fowohl frifch als gedorret, und verfchiedentlich zubereitet; durch ihren Geift, Effig 2c. Das Stammholz befonders der Mispeln. Kepfel und Windbäume läßt fich zu verarbeiten; deshalben das Hagedornholz. Die Rofe ift lieblich in ihrer Blüme; nüzlich durch das gebranste Waffer, Oel, Effig, Syrup 2c. In der Arzney dienen 3. 5. 6. 12. 13. 14. 9. 11. In der Färberey. 5. und vorzüglich die Cochenillenfeige durch ihre Infekten. In der Gerberey 9. 8. 3. 7. 13.

Dreyzehnte Klasse. Zwitterpflanzen mit mehr als zwanzig Staubfäden.

I. Ordnung. Mit 1. Staubwege. 36. Gattungen.	3. B. Gummiguttabaum. Kapern. 2. Gewürznägelchen. 3. Ciftröschen. 4. Magfamen. 5. Thee. 6. Lindenbaum. 7. Schöllkraut. 12.	**II. Ordnung.** Mit 2. Staubwegen. 4. Gattungen.	3. B. Pfingfrofe.
III. Ordnung. Mit 3. Staubwegen. 2. Gattungen.	3. B. Wolfswurz. 8. Rifterfporn. 9.	**IV. Ordnung.** Mit 4. Staubwegen. 4. Gattungen.	3. B. Dierhorn. Wahlenfraut.
V. Ordnung. Mit 5. Staubwegen. 3. Gattungen.	3. R. Schwarzfümmel. 10. Agley.	**VI. Ordnung.** Mit 6. Staubwegen. 1. Gattung.	3. B. Wafferfeder.
VII. Ordnung. Mit mehr als 6. Staubwegen. 17. Gattungen.	3. B. Anemone. 11. Leberfraut. 12. Waldrebe. 13. Stickwurz. 14. Magnolie. 15. Hahnenfuß. 16. Ranunkel. 17.	Gebrauch.	Als Gewürze werden gebraucht 2. 3. 10. Der afiatifche Magfame liefert das Opium; Mohnfaft; der europäifche ein mögliches Oel. Gummigutta 1. Labarum 4. befannte Gummiharze. Arzneymittel. 11. 12. 13. 8. 9. Thee und Lindenblüten in Aufgüffen gebräuchlich. In Blumengärten 17. 11. Unvorfichtiger Gebrauch von 16. 8. 14. giftig. Magnofie und Lindenbaum in ihrem Holz, und den Kohlen fchätzbar.

Vierzehnte Klasse.   Zwitterpflanzen mit vier Staubfäden, worunter zween länger sind, als die andern.

I. Ordnung.
Mit nackenden Samen.
34. Gattungen.

Z. B. Betonie, Isop. Lavendel. 1.
Andorn. 2. Melisse. Münje. 2.
Baslilienkraut. Wohlgemuth. Majoran.
Bohnenkraut. Thymian. 3.
Quendel. Katzenkraut. Polep. 4.

II. Ordnung.
Mit bedeckten Samen.
61. Gattungen.

Z. B. Dorant. 5. Augentrost. 6.
Sonnenwurz. 7. Läusekraut. 8.
Ketschamm. 9. Braunwurzel. 10.

Gebrauch: Die Pflanzen der ersten Ordnung empfehlen sich meistentheils durch ihren angenehmen Geruch.
Gewürzhafte Küchenkräutchen. 3.
Arzneykräuter 1. 2. 4. 6. 7. 8. 9. 10.

Fünfzehnte Klasse.   Zwitterpflanzen mit sechs Staubfäden, worunter vier länger sind, als die andern.

I. Ordnung.
Mit Schötchen.
14. Gattungen.

Z. B. Rose von Jericho. 1.
Kresse. Pfefferkraut. 2. Leindotter.
Meerrettig. 2. Hirtentäschchen. 3. Löffelkraut.

II. Ordnung.
Mit Schoten.
17. Gattungen.

Z. B. Rüben. Rettig. Kohl. 4.
Levkoje. 5. Waid. 6.
Senf. 7. Brunnenkresse. 8.
Hederich. 9.

Gebrauch: Küchenkräuter. 2. 7. 4. als Gewürze, Gemüse, Salat ꝛc. Für Blumenliebhaber. 1. 5. Färberpflanze Waid.
Reichliches Oel in die Haushaltung von Rübsamen. Arzneygewächse. 9. 8. 7. 3.

Sechszehnte Klasse.   Zwitterpflanzen, deren Staubfäden unten in einen Körper zusammen gewachsen sind.

I. Ordnung.
Mit 5. Staubfäden.
4. Gattungen.

Z. B. Melochie.

II. Ordnung.
Mit 10. Staubfäden.
4. Gattungen.

Z. B. Storchschnabel.

III. Ordnung.
Mit 12. Staubfäden.
1. Gattung.

Flügelsamen.

IV. Ordnung.
Mehr als 12. Staubfäden. 17. Gattungen.

Z. B. Pappelrose. Altbäe. 1.
Baumwolle. 2. Malve. 1.

Gebrauch: Arzneykräuter. 1.
Der Nutzen der Baumwolle ist allgemein.

Siebenzehnte Klasse. Zwitterpflanzen, deren Staubfäden unten in zween Körper zusammengewachsen sind.

I. Ordnung. Mit 5. Staubfäden. 1. Gattung.	{ Monnierie.		**II. Ordnung.** Mit 6. Staubfäden. 2. Gattung.	{ 3. B. Erdrauch. 1.
III. Ordnung. Mit 8. Staubfäden. 2. Gattungen.	{ Kreuzblume. 2.		**IV. Ordnung** Mit 10. Staubfäden. 49. Gattungen.	{ 3.B. Tragant. 3.Geißklee.4. Süßholz. 5. Linse. Erbse. Wicken. 6.Ebenholz. 8. Feigbohne. Ginster. Indigo. 9. Griechisches Heu.11.Klee,10.

Gebrauch. { Gummi Tragant. 3.. Färberpflanzen. 9. 11. Arzneygewächse. 5. 11. 10. 1. Zur Nahrung fürs Vieh, und zum Theile der Menschen. 6. 10. 2. Vortreffliches Holz zum verarbeiten. 4. 8.

Achtzehnte Klasse. Zwitterpflanzen, deren Staubfäden unten in mehrere Körper zusammengewachsen sind.

I. Ordnung. Mit 5. Staubfäden. 1. Gattung.	{ 3. B. Cacaobaum. 1.	**II. Ordnung.** Mit 12. Staubfäden. 1. Gattung.	{ 3. B. Monsonie.
III. Ordnung. Mit 20. Staubfäden. 1. Gattung.	{ 3. B. Zitronen. Pomeranzen. 2.	**IV. Ordnung.** Mehr als 20. Staubf. 8. Gattungen.	{ Johanniskraut. 3.

Gebrauch. { Die Blüten sowohl, als die Frucht 2. dienen roh, und verschiedentlich zubereitet zur Arzney, zur Speise, als Gewürz rc. Arzney - Gerber- und Färberkraut. 3. Chocolade. 1.

Neunzehnte Klasse. Zwitterpflanzen, deren Staubfäden oben zusammengewachsen sind.

I. Ordnung. Mit lauter fruchtbaren Zwittern. 41. Gattungen.	{ 3. B. Klette. Distel. 1. Haberwurz. 2. Saflor. 3. Gemeiner Salat. 4. Cichorie. 5. Mönchskopf. 5. Scorzonere 6. Artischocke. 9.	**II. Ordnung.** Mit fruchtbaren Zwittern, und Weibchen. 34. Gattungen.	{ 3. B. Bertram. Schafgarbe. 7. Chamille. Wermuth. 8. Maßlieben. Huflattig. 9. Alant. 10. Rheinfarren. 11. Mutterkraut. 11.
III. Ordnung. Mit fruchtbaren Zwittern, und Unfruchtbaren Weibchen. 7. Gattungen.	{ 3.B. Kornblumen.12. Sonnenblumen. 13. Erdäpfel. 14.	**IV. Ordnung.** Mit unfruchtbaren Zwittern und fruchtbaren Weibchen. 13. Gattungen.	{ 3. B. Ringelblume. 15. Beinsamen.

C

V. Ordnung.
Mehrere Blümchen, jedes mit besonderm Kelche, in einem gemeinschaftlichen Kelche. 7. Gattungen. } Z. B. Kugeldistel. Storbe.

VI. Ordnung.
Mit einfachen Blumen. 7. Gattungen. } Z. B. Springkraut. Balsamine. 16. Lupa. Viole. 17.

Gebrauch. {
Arzneypflanzen. 1. 2. 5. 7. 8. 10. 11. 9. 16. 17.
Küchenkräuter, als Gemüs und Salat. 1. 4. 5. 6. 9. 14.
Färberpflanzen. 1. 3. 8. 10.
Die Sonnenblumenkerne geben viel süßes Oel.
Mant. Wermuthwein, Salz, Oel. 2c.
Von den Disteln gute Potasche, Disteltuch, Papier 2c.
Von Cichorie und Mönchskopf kaffeeartiger Trank.
Für Blumenliebhaber 16. 9.

Zwanzigste Klasse. Zwitterpflanzen, deren Staubfäden an den Staubwegen zusammengewachsen sind.

I. Ordnung. Mit 2. Staubfäden. 9. Gattungen. } Z. B. Vanillenwinde. Knabenkraut. 2.

II. Ordnung. Mit 3. Staubfäden. 4. Gattungen. } Z. B. Salamenderbaum.

III. Ordnung. Mit 4. Staubfäden. 1. Gattung. } Z. B. Priap.

IV. Ordnung. Mit 5. Staubfäden. 3. Gattungen. } Z. B. Passionsblume. 3.

V. Ordnung. Mit 6. Staubfäden. 2. Gattungen. } Z. B. Osterluzey. 4.

VI. Ordnung. Mit 10. Staubfäden. 2. Gattungen. } Z. B. Schraubenbaum.

VII. Ordnung. Mit 12. Staubfäden. 1. Gattung. } Z. B. Hypocist.

VIII. Ordnung. Mehr als 12. Staubfäden. 8. Gattungen. } Z. B. Aron. 5. Tang. 6.

Gebrauch {
Vanillenwinde ein kostbares, hitziges Gewürz.
Arzneykräuter. 2. 4. 5.
Seltene Blumen. 3.
Gute Potasche zu feinem Glase. 6.

Ein und zwanzigste Klasse. Pflanzen mit halbgetrennten Geschlechtern.

I. Ordnung. Mit 1. Staubfaden. 5. Gattungen. } Z. B. Hornsame.

II. Ordnung. Mit 2. Staubfäden. 2. Gattungen. } Z. B. Wasserlinse. 1.

III. Ordnung. Mit 3. Staubfäden. 12. Gattungen. } Z. B. Riedgras. Liebstolben. 2. Welschkorn. 3.

IV. Ordnung. Mit 4. Staubfäden. 7. Gattungen. } Birke. Erle. 4. Byr. 5. Maulbeere. 6. Nessel. 7.

V. Ordnung. Mit 5. Staubfäden. 2. Gattungen. } Z. B. Amaranth. 8. Spitzklette.

VI. Ordnung. Mit 6. Staubfäden. 2. Gattungen. } Z. B. Seehaber.

VII. Ordnung.
Mit 7. Staubfäden. { 3. B. Guettarde.
1. Gattung.

VIII. Ordnung.
Mehr als 7. Staubfä- { 3. B. Haselstaude. 9. Wei-
den. 13. Gattungen. { sche Nuß 10. Kastanien. 10.
{ Buche. Hainbuche. 11. Ei-
{ che. 12. Pantoffelholz. 13.
{ Platanus. 14. Kermes-
{ baum. 15.

IX. Ordnung.
Mit unten zusammenge- { 3. B. Lakmus. 16. Purgir-
wachsenen Fäden. { körnerbaum. 17. Cypresse.
15. Gattungen. { Manchinelle. 18. Brech-
{ nuß. 19. Fichte. Tanne-Pi-
{ niolen. Zirbelnuß. Ceder.
{ Lerchenbaum. 20, Tafeltuch.

X. Ordnung.
Mit oben zusammenge- { 3. B. Zaunrübe. 21.
wachsenen Fäden. { Coloquinte. 22.
6. Gattungen. { Kürbis. Cucummern.
{ Melonen. 23.
{ Momordica. 24.

XI. Ordnung.
An dem Staubwege zu- { 3. B. Anbrachne.
sammengewachsene
Staubfäden. 2. Gat-
tung.

Gebrauch. { Diese Klasse liefert das nützlichste und nothwendigste
{ Holz. 3. B. zum Brennen 11. 12. 4. 20. Zu Bret-
{ tern. 20. 12. 10. Zum Bauen 12. 20. 14. Zu Sto-
{ pfen u. d. g. 15. Zu feiner Holzarbeit. 6. 5. 4.
{ Kohlen zu unterschiedlichem Gebrauche 11. 12. 9. 4.
{ Auf die Färberey werden benutzt. Rinde, Galläpfel
{ 12. Scharlachbeeren 15. Zweige und Blätter. 4.
{ Holz. 6. Lakmus. 16. Rinde, Schale. 10. Ge-
{ waltsame Arzneymittel. 17. 18. 19. 21. 22. Vieh-
{ futter für Enten und Wasservögel. 1. Zur Ma-
{ stung Welschkorn; 3. Bücheln; 11. Eicheln. 12.
{ Kürbise. 23. Blätter für Seidenwürmer. 6. Oel
{ aus Kürbissamen; 22. Aus Bücheln; 11. Nüssen;
{ 10. Pech, Harz, Terpentin. 20. Eßbare Früchte.
{ 9. 10. 6. 23. Piniolen, Zirbelnüsse. 20. Manihot-
{ mehl. 19. Welschkornmehl. 3.
{ Zur Gerberey die Eiche, Birke, Erle.
{ Zum Packen, Ausstopfen u. d. g. 2.

Zwey und zwanzigste Klasse. Pflanzen mit ganz getrennten Geschlechtern.

I. Ordnung.
Mit 1. Staubfaden. { 3. B. Najade.
1. Gattung.

II. Ordnung.
Mit 2. Staubfäden. { 3. B. Trompetenbaum. 1.
3. Gattungen. { Weide. 2.

III. Ordnung.
Mit 3. Staubfäden. { 3. B. Poetencassie.
4. Gattungen. { Blendbaum. 17.

IV. Ordnung.
Mit 4. Staubfäden. { 3. B. Myrike. 3.
5. Gattungen. { Vogelleim. 4.

V. Ordnung.
Mit 5. Staubfäden. { 3. B. Hanf. 5. Hopfen. 6.
12. Gattungen. { Pistacie. 7. Terpentin-
{ baum. 8. Spinat. 9. Ma-
{ stirbaum. 8.

VI. Ordnung.
Mit 6. Staubfäden. { 3. B. Saffaparille.
4. Gattungen. { Chihawurzel. 10.

VII. Ordnung.
Mit 8. Staubfäden. { 3. B. Espe. Weißer
2. Gattungen. { Pappelbaum. 11.

VIII. Ordnung.
Mit 9. Staubfäden. { 3. B. Bengelkraut. 12.
2. Gattungen.

E 2

IX. Ordnung.
Mit 10. Staubfäden.
5. Gattungen.
{ 3. B. Gerberstrauch. 13.
Quassie. 14.

X. Ordnung.
Mit 11. Staubfäden.
3. Gattungen.
{ 3. B. Monisame.

XI. Ordnung.
Mit mehr als 12. Staubfäden.
2. Gattungen.
{ 3. B. Wanzenkraut.

XII. Ordnung.
Mit unten zusammengewachsenen Fäden.
5. Gattungen.
{ 3. B. Wachholder. 15.
Ibenbaum. 16.

XIII. Ordnung.
Mit oben zusammengewachsenen Staubfäden.
1. Gattungen.
{ 3. B. Mausdorn.

XIV. Ordnung.
An den Staubwegen zusammengewachsene Staubfäden.
1. Gattung.
{ 3. B. Cascarille. 18.

Gebrauch.
{
Arzneypflanzen. 4. 8. 10. 14. 15. 17. 18.
Weide, 2. Espe, 11. nutzen mit ihrem Holze.
Mistel, 4. giebt Vogelleim.
Der Hanf liefert durch seine Fäden Weißzeuge, Seile; rc. Durch den Samen Oel, Vögelfutter rc.
Spinat, ein gesundes Gemüs. Pistacien eine liebliche Steinfrucht.
Hopfen zum Bierbrauen.
Terpentin, Rauchwerk, Firnisse. 8.
13. Trägt den Namen von seiner Benutzung.
Wachholderbeeren, 14. ein bekanntes Gewürz und Rauchwerk. Von dem Holze   Gummisandarach.
    Das Holz selbst taugt zu guter Schreiner-und Drechslerarbeit.
Ibenbaum, 16. dient zu Lustgärten.
17. Ein wohlriechendes Holz; Adler-Paradisholz.
}

Drey und zwanzigste Klasse. Pflanzen mit unterschiedlich vermengten und getrennten Geschlechtern.

I. Ordnung.
Mit vermengten, und halbgetrennten Geschlechtern.
21. Gattungen.
{
3. B. Maßholderbaum. Ahorn. 1. Gartenmelde. 2. Sinnpflanze. Paradisfeige. 3. Schotendorn; Kracie. 4. Mauerkraut 5. Weiße Nießwurz. 6.
}

II. Ordnung.
Mit vermengten und ganz getrennten Geschlechtern.
9. Gattungen.
{ 3. B. Esche. 7. Unächter Lotusbaum.

III. Ordnung.
Mit vermengten und getrennten Geschlechtern, auf dreyerley Art.
2. Gattungen.
{ 3. B. Feige. 8.

Gebrauch.
{
Muse, Paradisfeige, 3. giebt den Indianern Nahrung, Kleider, Decken rc. Die gemeine Feige, 8. wird roh, und eingemacht gespeist.
Der Eschbaum, 7. liefert das in der Arzney gebräuchliche Manna.
Von dem Schotendorne, 4. kömmt das arabische Gummi. Nützliche Hölzer zum verarbeiten. 1. 7.
leichtes Gemüs. 2. Giftiges Gewächs. 6.
Tolanpflanze. 5.
}

Vier und zwanzigſte Klaſſe.   Pflanzen mit verborgenen Geſchlechtern.

I. Ordnung. Farrenkräuter. 16. Gattungen.	Z. B. Frauenhaar. 1. Milzkraut. Mauerraute. Hirſchzunge. Mondraute. Farrenkraut. Engelſüß. 2. Adlerkraut. 2.	**II. Ordnung.** Mooſe. 11. Gattungen.	Z. B. Bärlappen. Haarmoos. 3.
III. Ordnung. Faſergewächſe. 12. Gattunzen.	Z. B. Meergras. 4. Flechte. 5. Noſtoc.	**IV. Ordnung.** Schwämme. 10. Gattungen.	Z. B. Blätterſchwamm. Keulſchwamm. 6. Trüffeln. 7. Boviſt. Schimmel. Morgel. 8. Gichtſchwamm.

Gebrauch.

Die Farrenkräuter ſind zum Theile arzneymäßig; zum Theile, 2. zur Gerberey; zu ſtarken Laugen ꝛc. dienlich.
Die Mooſe haben einen ſtarken, harzichten Samenſtaub. Die Faſergewächſe dienen theils zur Arzney; theils zum Färben. Z. B. Orſeille. 5, theils zu ſtarken Fäden. Z. B. Meerſenne. 4. Der Noſtoc iſt bey den Alchymiſten beliebt.
Die Schwämme überhaupt ſind eine gefährliche Speiſe. Die ſicherſten ſind 6. 7. 8. Einige liefern den Zunder.

Anhang. Von den Palmen.

Die Blüten der Palmen ſind noch unbekannt, oder von andern Pflanzenarten ſo unterſchieden, daß noch nicht vollkommen beſtimmt iſt, zu welcher Klaſſe ſie gehören. Unter eilf Gattungen verdienen beſonders angemerkt zu werden.

A. Catechubaum aus Oſtindien, liefert die ſogenannte Terra catechu.

B. Kokosbaum, aus Indien, berühmt durch die Kokosnüſſe, deren Gebrauch vielfältig iſt. Der Stamm giebt treffliche Holzwerke; die Blätter Körbe, Hüte, Segelgarn, Leinwand ꝛc.

C. Sagubaum aus Oſtindien, liefert das berühmte Sagumehl, Garn, Panzer, Schilde.

D. Dattelbaum, aus Aſien, verſchafft Fäden, Stricke, Matten, Körbe, Dachdecken ꝛc. und in ſeiner Frucht eine allgemeine Nahrung.

Dritter Theil.

Das Thierreich.

Das Thierreich enthält in sich alle Körper, welche wachsen, leben, empfinden, und eine willkürliche Bewegung haben.

Erster Abschnitt.

Von dem Thierreiche überhaupt.

An den Thieren überhaupt ist zu beobachten ihr mannichfaltiger Unterschied in Ansehung der äußern Gestalt des Körpers; der Beschaffenheit aller festen und flüßigen Theile, und ihrer Bestimmung; der Sinne; der Ernährung; des Wachsthumes; der Dauer; des Aufenthaltes; der Fortpflanzung.

I.

Der Körper der meisten Thiere läßt sich überhaupt abtheilen 1. in den **Kopf**; 2. in den **Rumpf**; 3. in die **Gliedmaßen.** Diese bestehen aus zweyerley Theilen.

A.
Die festen Theile.

1. Die Knochen, Knorpeln, Gräten.
2. Die Muskeln.
3. Die Nerven.
4. Die Drüsen.
5. Die Adern.
6. Das Herz.
7. Die Lunge.
8. Der Magen.
9. Die Gedärme.
10. Die Leber.
11. Das Milz.
12. Die Nieren.
13. Unterschiedliche Netze, Häute, Blasen.
14. Die äußere Haut.
15. Zähne, Nägel, Hörner, Haare, Federn, Schuppen, Schalen, Schilde.

B.
Die flüßigen Theile.

1. Die Nahrungsmilch.
2. Das Blut.
3. Das Gehirn.
4. Der Nervensaft.
5. Das Mark.
6. Das Fett.
7. Die Galle.
8. Der Magen-und Rückendrüsensaft.
9. Der Speichel.
10. Der Schweiß.
11. Der Urin.

II.
Von den Werkzeugen der Sinne; und den davon abhangenden Verrichtungen und Leidenschaften.

A.
Werkzeuge der äußerlichen Sinne.

1. Das Auge, zum Sehen.
2. Das Ohr, zum Hören.
3. Die Zunge, zum Schmäcken.
4. Die Haut, zum Fühlen.
5. Die Nase, zum Riechen.
6. Bey den Insekten und Würmern die Fühlhörner und Fühlfäden.

B.
Werkzeuge der innern Sinne.

Die Nervenfäserchen, und vorzüglich das Gehirn, der Sitz des allgemeinen innern Sinnes, von dessen Vollkommenheit die Ausübung der Einbildungskraft, des Gedächtnisses, und auch des Verstandes; und um so mehr bey unvernünftigen Thieren des sogenannten Instinkts abhängt.

C.
Die Leidenschaften.

Diese sind im Grunde zweenerley: Liebe und Haß. Jene wird erregt aus vergnüglichen; dieser aus mißfälligen Eindrücken. Von beyden entspringen die übrigen, als Folgen.

D.
Das Wachen, und der Schlaf.

Das Wachen besteht in freyer Ausübung der Sinne.

Der Schlaf ist eine Beraubung derselben.

Träume sind gleichsam ein Mittelding zwischen beyden.

III.

Aufenthalt, Nahrung, Wachsthum, natürliche Krankheiten, Tod der Thiere.

A.
Aufenthalt.
Einige Thiere leben im Wasser; andere auf der Erde; andere unter der Erde.

B.
Zur Nahrung gehören
Speise und Trank; und diese auf die unterschiedlichste Art und Weise nach der natürlichen Beschaffenheit eines jeden Thieres. Hierzu reizet Hunger und Durst.

C.
Die Ernährung geschieht
Durch die in dem Körper vorgehende Veränderung und Absetzung der eingenommenen Nahrungsmittel.

D.
Das Wachsthum wird befördert
Entweder in die Länge, oder in die Dicke, so lange sich etwas von der eingenommenen Nahrung in dem Körper dauerhaft ansetzt. Beyde haben ihre Gränzen; und gehen auf mancherley Weise vonstatten.

E.
Gesundheit und Krankheit.
Gesundheit besteht in der Uebereinstimmung und zweckmäßigen Verrichtung aller flüßigen und festen Theile des Körpers. Von der Störung derselben rührt die Krankheit her.

Die Natur des Körpers ist zu gewissen Zeiten zu unterschiedlichen Krankheiten geneigt; nebst dem daß es noch sehr viele Nebenursachen dazu giebt.

F.
Alter und Tod.
Die Natur hat jedem Thiergeschlechte seine Lebenszeit bestimmet, welche es nicht überschreiten mag. Alle nähern sich stufenweise dem Tode, einer endlichen Beraubung des Lebens.

G.
Fortpflanzung.
Dadurch wird der Abgang täglich ersetzt, und die Welt erneuert. Einige sind Lebendiggebährende, andere Eyerlegende Thiere.

Zwepter Abschnitt.
Eintheilung der Thiere in besondere Klassen.

Die folgende allgemeine Eintheilung bezieht sich auf die Beschaffenheit des Herzens und de Blutes.

Die Thiere haben ein Herz	I. Entweder mit zwoen Kammern, zweyen Ohren; und ein rothes, warmes Blut;	und sind	a. Lebendiggebährende,	(Säugende Thiere.	I. Klasse.
			b. Eyerlegende,	(Vögel.	II. Klasse.
	II. Oder mit einer Kammer, einem Ohre und ein rothes, kaltes Blut;	und athmen	a. Durch Lungen.	(Amphibien.	III. Klasse.
			b. Durch Kiemen.	(Fische.	IV. Klasse.
	III. Oder mit einer Herzkammer ohne Ohr; und ein weißlichtes, kaltes Blut;	und sind versehen	a. Mit Fühlhörnern.	(Insekten.	V. Klasse.
			b. Mit Fühlfäden.	(Würmer.	VI. Klasse.

Erste Klasse. Säugende Thiere.

Die säugenden Thiere stellt Herr von Linne in 7. Ordnungen vor. Der Unterschied ist hergenommen von der Verschiedenheit der Zähne, und zum Theile auch der Füße.

I. Ordnung. Die menschenähnlichen Thiere.

Allgemeine Kennzeichen. Im obern Kiefer 4. Schneidezähne; einzeln stehende Hundszähne; zwo Zitzen an der Brust; Vorderfüße wie Hände, mit meistentheils platten Nägeln.

A.
Der Mensch
2. Gattungen.
1. Der Vernünftige, Tagmensch.
2. Der Nachtmensch.
Orangoutang.

B.
Das Affengeschlecht.
3. Gattungen.
1. Ungeschwänzte Affen, mit 3. Arten.
2. Kurzgeschwänzte Affen, Pavianen. 3. Arten.
3. Langgeschwänzte, Meerkatzen. 27. Arten.

C.
Die Gespenstthiere.
5. Arten.
3. B. Der Langschleicher.
Fliegende Katze.

D.
Die Fledermäuse.
6. Arten.
1. Ungeschwänzte mit 4. Arten. 3. B. Fliegender Hund; fliegende Katte.
2. Geschwänzte. 2. Arten. 3. B. Die Europäischen.

Anmerkung. Der vernünftige Mensch ist das Haupt und der König aller Thiere, zu dessen Dienßen und ehrbarem Gebrauche Himmel und Erde erschaffen sind. Die Affen sind kurzweilige Thiere, und lassen sich zu häuslichen Geschäften abrichten. Man hat auch von ihnen einen köstlichen Beysaß. Die Fledermäuse reinigen die Luft vom Ungeziefer; in einigen Ländern sind sie eine ordentliche Plage. Die Chineser und etliche Völker essen sie mit besonderm Luße. Linne hält die europäischen für giftig. Der Zeisen dienet zur Arzney.

B

II. Ordnung. Thiere ohne Schneidezähne.

Kennzeichen. Weder oben, weder unten Schneidezähne. An den Füßen starke Klauen.

A. Der Elephant. { Eine Art.

B. Die Seekühe. 2. Arten. { 3. B. Der Wallroß. Die Seekuh.

C. Die Faulthiere. 2. Arten. { Der Unterschied ist von der Zahl der Finger.

D. Die Ameisenbären. 4. Arten. { Der zwey = dreyfingerichte rc.

E. Die Schuppenthiere. 2. Arten. { 3. B. Der Javanische Teufel.

F. Die Panzerthiere. 6. Arten. { Der Unterschied der Armadillen ist von den Gürteln genommen.

Anmerkung. Der Elephant das größte unter den Landthieren wurde vor Zeiten zum Kriege gebraucht. Er liefert von seinen Zähnen das berühmte Elfenbein, woraus unterschiedliche Geräthe, Arzneymittel und das sogenannte Sammetschwarz verfertigt werden. Von den Wallrossen gebraucht man die Zähne, wie Elfenbein; von der Seekuh das Fleisch zur Speise, und den Stein aus dem Gehirne zur Arzney. Die Haut der Ameisenbären dient zu Pelzwerken. Die Schuppenthiere sind eßbar; die Panzer der Armadillen werden wie Schildkrot verarbeitet.

III. Ordnung. Raubthiere.

Kennzeichen. In dem obern Kiefer sechs scharfe, spitzige Schneidezähne; einzeln stehende Handzähne, und bey den meisten scharfe Klauen.

A. Das Seekalb. 3. Arten. { 3. B. Der Seebär. Der Seelöwe. Der Seehund.

B. Frettengeschlecht. 6. Arten. { 3. B. Die Pharaoratze. Das Zibelthier. Genetkatze.

C. Das Hundegeschlecht. 9. Arten. { 3. B. Der geleimte Hund. Der Wolf. Die Hyäne. Der Fuchs.

D. Das Katzengeschlecht. 7. Arten. { 3. B. Der Löwe; Tiger; Leopard. Die Luchs. Die wilde Katze. Die Hauskatze. Der Lux.

E. Das Wieselgeschlecht. 19. Arten. { 3. B. Der Otter. Viltis. Marder. Iltis. Zobel. Kaninchenstück. Hermelin und gemeine Wiesel.

F. Bärengeschlecht. 4. Arten. { 3. B. Der Bär. Der Dachs. Der Coati.

G. Philander. 5. Arten. { 3. B. Beutelratze. Philander. Rückenträger.

H. Maulwürfe. 2. Arten. { 3. B. Der Europäische. Der Asiatische.

| **I.** Spitzmäuse. 5. Arten. | 3. B. Die gemeine Spitz- maus. Die Wafferspitzmaus. | **K.** Igelgeschlecht. 5. Arten. | 3. B. Der Europäi- sche. Der Ausländische. |

Anmerkung. Die meisten Thiere dieser Ordnung nutzen durch ihre Pelze, deren einige sehr kostbar und theuer sind. Der See- hund, oder Robbenfang ist sehr beträchtlich. Das Fleisch davon ist essbar; das Fett giebt Oel; die Haut Kleidung, Überzüge der Reisekoffer rc. Man hat euch aus Indien chagrinartige Seehundfelle. Das Biberthier ist berühmt von seinem Balsam. Die Dienste der Hunde und Katzen sind allgemein. Nebst den Hunden lassen sich noch einige besonders zur Jagd abrichten; z. B. das Kaninchenfett, die Unze, der Fischotter. Einige Philanderarten sind wunderbar mit ihren Jungen. Zur Speise lassen sich gebrauchen Otter, Igel, Seehunde, Bären, Dachse. Zur Arzney dienet der Hund durch sein Fett, Balsam, album græcum; der Fuchs durch seine Lungen und Fett; der Bär und Dachs durch ihr Fett, Galle und Blut; desgleichen die Maulwür- se; der malaccische Igel durch den sogenannten Schweinstein.

IV. Ordnung. Nagende Thiere.

Kennzeichen. Keine Hundszähne; aber oben und unten zween scharfe, zum Nagen einge- richtete Schneidezähne.

A. Stachelschweine. 4. Arten.	3. B. Das afrikani- sche. Das geschwänzte.	**B.** Hasengeschlecht. 4. Arten.	3. B. Der Feld- hase. Das Kaninchen.
C. Bibergeschlecht. 3. Arten.	3. B. Der Castor. Bisam, - Bibethra- ze.	**D.** Mäusegeschlecht. 21. Arten.	3. B. Meerschweinchen Murmelthier. Hamster Ratte. Feld-Hausmaus
E. Das Eichhorn. 11. Arten.	3. B. Das gemeine. Das fliegende.	**F.** Katzenartige Fledermaus.	Eine Art.

Anmerkung. Das Hasengeschlecht liefert bekanntlich Wildpret und Pelze. Von dem Biber wird sein kostbarer Pelz auf unterschiedliche Art, und besonders zu seinen Hüten benutzt; nicht weniger ist der Bibergeil in der Arzney berühmt.

V. Ordnung. Wiederkäuende Thiere.

Kennzeichen. Oben keine Schneidezähne; unten aber sechs oder acht, welche weit von den Backenzähnen abstehen. Die meisten Thiere dieser Ordnung haben Hörner und gespaltene Klauen.

| **A.** Kameel. 4. Arten. | 3. B. Kameel. Trampelthier. | **B.** Muscusthier. 3. Arten. | 3. B. Bisamthier. |
| **C.** Hirschgeschlecht. 7. Arten. | 3. B. Der Hirsch. Das Renn-und Elendthier. Reh. Damhirsch. | **D.** Ziegengeschlecht. 12. Arten. | 3. B. Bock. Gemse. Steinbock. Gazelle. Bezoarbock. |

E. Schafsgeschlecht. 3. Arten.	{ z. B. Der Widder mit mehrern Unterarten, worunter auch die europäischen Schafe sind. Das guineische Schaf.	F. Das Ochsengeschlecht. 6. Arten.	{ z. B. Der Stier mit dem zahmen Rindviehe. Der Auerochs. Der Bison. Der Büffel.

Anmerkung. Unter den Thieren dieser Ordnung sind die bekannten Last- und Zugthiere. Die meisten liefern das im menschlichen Leben nützliche und nothwendige Leder; und sowohl wildes, als zahmes Fleisch zur Nahrung, nebst der Milch, Butter und Käse. Die sogenannten Kamelhaare, Ziegenhaare, und besonders die Schafswolle sind schier unentbehrliche Dinge. Hörner und Beine werden zu vielen Geräthschaften verarbeitet. Der Bisam und viele Bezoarsteine sind eine kostbare Arzney.

VI. Ordnung. Thiere mit Pferdsgebisse.

Kennzeichen. Die Vorderzähne sind schief abgestumpft. Die Füße haben Hufe; bey einigen gespaltene Klauen.

A. Das Pferd. 3. Arten.	{ z. B. Die gemeinen Pferde. Der Esel mit unterschiedlichen Nebenarten. Der Zebra.	E. Das Nilpferd. 1. Art.	{ z. B. Der Behemot.
C. Schweinsgeschlecht. 5. Arten.	{ z. B. Unterschiedliche zahme und wilde Schweine. Das Bisamschwein.	D. Nasenhorn. 2. Arten.	{ z. B. Das Einhörnige. Das zweyhörnige.

Anmerkung. Das Schwein ein nützliches Thier in seinem Fleische; und das Wilde nebst dem in seiner Haut. Die Dienste, welche die Pferde und Esel leisten, sind niemand unbekant. Das Nilpferd und Nasenhorn sind ungeheure Thiere. Das Fleisch von dem erstern ist überaus schmackhaft.

VII. Ordnung. Säugende Seethiere.

Kennzeichen. Ein oder zwey röhrenförmige Luftwerkzeuge auf dem Kopfe; Floßfedern an der Brust und dem Schwanze, welcher wagerecht liegt.

A. Der Einhornfisch. 1. Art.	{ z. B. Der Narwal.	B. Die Wallfische. 4. Arten.	{ z. B. Der Grönländische. Der Nordkaper.
C. Der Kachelot. 3. Arten.	{ z. B. Der Potfisch. Der Maßfisch.	D. Der Delphin. 3. Arten.	{ z. B. Der Tummler, Meerschwein. Der Buttkopf.

Anmerkung. Die Wallfische sind von einer ungeheuern Größe. Von ihnen ist das sogenannte Fischbein; vorzüglich aber der Fischthran, der jährlich in sehr großer Menge aus ihrem Specke gesotten wird. Das Fleisch der Delphine ist sowohl frisch, als gedörret eßbar. Das Horn des Narwals mag wie Elfenbein benutzet werden.

Zweyte Klasse. Die Vögel.

Die Haupteintheilung der Vögel in besondere Ordnungen ist von der Gestalt des Schnabels hergenommen. Der Körper ist mit Federn bedeckt. Alle haben zween Füße, und zween Flügel.

I. Ordnung. Die Habichte.

Kennzeichen. Der Schnabel ist, wie ein spitziger Haken, etwas unter sich gekrümmt. Die Füße sind stark, mit krummgebogenen, scharfen, zum Rauben eingerichteten Klauen.

A. Der Geyer. 8. Arten. Der Kopf ist kahl.	z. B. Der Greif. Die Harpye. Der Menschenfresser. Der Fischgeyer.	B. Das Falkengeschlecht. 37. Arten. Eine Wachshaut an der Wurzel des Schnabels.	z. B. Unterschiedliche Adlerarten. Unterschiedliche Falkenarten. Der Weihe. Der Sperber.
C. Eulengeschlecht. 12. Arten. Mit zurückgebogenen Bartfedern.	z. B. Der Schuhu. Die Nachteule. Das Käuzchen.	D. Neuntödter. 26. Arten. Mit fast geradem Schnabel.	z. B. Der große Europäische. Der Würger.

Anmerkung. Die Vögel dieser Ordnung können mit den vierfüßigen Raubthieren verglichen werden. Viele davon sind zwar durch ihr Rauben schädlich; besonders da der Geyer giebt, welche kleine Kinder rauben: nutzen aber doch auf eine andere Art, indem sie die Erde von dem stinkenden Aase, vielem Ungeziefer, und schädlichen Thieren befreyen. Einige z. B. die Falken lassen sich zur Jagd abrichten.

II. Ordnung. Die spechtartigen Vögel.

Kennzeichen. Ein keulförmiger, zum Durchschlagen und Ausreißen geschickter Schnabel. Die Füße sind kurz, stark, gut zum Laufen, oder Klettern.

A. Der Papagey. 47. Arten. Eine Wachshaut über dem Schnabel, und eine fleischichte Zunge.	z. B. Die Langschwänze, meistens indianische Raben. Die kleinen Langschwänze. Die Kurzschwänze, oder eigentliche Papageye.	B. Der Toukan. 8. Arten. Ein gezähnelter Schnabel, und federichte Zunge.	z. B. Der Pfefferfresser. Der Rothschnabel. Der Fischfresser.
C. Der Hornvogel. 4. Arten. Ein knochichter Auswuchs auf der Stirn.	z. B. Wasserrabe. Nasenhornvogel.	D. Ochsenhacker. 1. Art. Ein viereckichter Schnabel.	z. B. Der Afrikanische.

B 3

E. Madenfresser. 2. Arten. Ein runzlichter, geränbelter Schnabel.	{ 3. B. Der Surinamische. Der Afrikanische.	**F.** Rackervogel. 6. Arten. Ein messerförmiger Oberkiefer.	{ 3. B. Mandelkrähe.
G. Der Rabe. 19. Arten. Ein messerförmiger Oberkiefer.	{ 3. B. Der gemeine Rabe. Die Häherarten. Die Dohlen. Die Krähenarten. Die Elster oder Aßel.	**H.** Drosseln. 20. Arten. Ein gerader spitziger Schnabel.	{ 3. B. Die europäische Golddrossel.
I. Kleine ausländische Dohlen. 8. Arten. Ein messerförmiger Schnabel.	{ 3. B. Der Plapperer. Haubendohle.	**K.** Paradisvogel. 3. Arten. Ein sammetartiger Schnurrbart.	{ 3. B. Der Luftvogel. Der Königsvogel.
L. Baumhacker. 3. Arten. Ein krummgespitzter Schnabel.	{ 3. B. Der Surucui aus Brasilien.	**M.** Grosmaul. 1. Art. Ein lang gespaltener Schnabel.	{ Vom Gebirge der guten Hoffnung.
N. Drehhals. 1. Art. Eine wurmförmige Zunge.	{ Ein europäischer Vogel.	**O.** Der Guckuck. 22. Arten. Mit geränbelten Nasenlöchern.	{ 3. B. Der gemeine Europäische. Die Ausländischen.
P. Die Spechte. 21. Arten. Eine wurmförmige Zunge.	{ 5. B. Die europäischen Arten. Die Ausländischen.	**Q.** Die Blauspechte. 3. Arten. Ein gerader, keusförmiger Schnabel.	{ 5. B. Der Europäische. Die Ausländischen.
R. Bastart-Eisvogel. 2. Arten. Ein linealförmiger Schnabel.	{ 5. B. Der Grüne. Der Graue.	**S.** Eisvögel. 15. Arten. Ein gerader, dreyeckichter Schnabel.	{ 5. B. Der Europäische. Die Ausländischen.
T. Bienenfresser. 7. Arten. Ein platter, etwas krummer Schnabel.	{ 5. B. Der Bienenwolf. Der Gelbkopf.	**V.** Widehopf. 3. Arten. Ein etwas gekrümmter Schnabel.	{ 5. B. Der gemeine Europäische.

X. Baumkletterer. 25. Arten. Ein scharfspitziger Schnabel.	z. B. Die Baumklette.	Y. Colibri. 22. Arten. Ein fadenförmiger Schnabel.	Die kleinsten Vögelchen.

Anmerkung. Die meisten Vögel dieser Ordnung sind ausländisch, und empfehlen sich, wenn sie in unsere Gegenden übersetzt werden, durch ihre Seltenheit. Einige inländische sind eßbar; werden aber wenig geachtet. Ihr Nutzen ist uns wenig beträchtlich.

III. Ordnung. Die Schwimmvögel.

Kennzeichen. Der Schnabel ist glatt, und mit einer dünnen Haut überzogen, meist inwendig gezähnelt, und gleichsam zum Durchseigen eingerichtet. Die Füße sind mit einer Schwimmhaut versehen.

A. Das Entengeschlecht. 45. Arten. An der Schnabelspitze ein gekrümmter Nagel.	1. Mit einem an der Wurzel höherichten Schnabel. z. B. Der Schwan. 2. Mit glatten, an der Wurzel flachen Schnabel. u. z. B. Die Gans; die Bisamenten. 2c. 3. Mit gekräuseltem Schwanze. z. B. Die gemeine Ente. 4. Haubenenten.	B. Die Tauchente. 6. Arten. Mit scharf gezähneltem Schnabel.	z. B. Tauchergans. Eisente. Pfeilschwanz.
C. Papageytaucher. 5. Arten. Ein quer gerunzelter Schnabel.	z. B. Alk. Seepapagey.	D. Sturmvögel. 6. Arten. Mit cylinderförmigen Nasenlöchern.	z. B. Gewittervogel. Segler. Landzeiger.
E. Penguin. 2. Arten. Ein abgestutzter Unterkiefer.	z. B. Der Fliegende. Der Schwimmende.	F. Der Pelikan. 8. Arten. Ein ungezähnelter Schnabel.	z. B. Die Kropfgans. Der Fischer.
G. Langhals. 1. Art. Ein nadelförmiger Schnabel.	z. B. Der Schlangenkopf.	H. Der Tropiker. 2. Arten. Ein messerförmiger Schnabel.	z. B. Der Phaeton.

I.		K.	
Der Taucher.	z. B. Der große Eistaucher.	Mewen.	z. B. Seemewe.
11. Arten.	Der kleine Wassertaucher.	11. Arten.	Der Spötter.
Ein pfriemenförmiger Schnabel.	Der Ohrentaucher rc.	Ein ungezähnelter, messerf. Schnabel.	Der Strunzjäger.

L.		M.	
Meerschwalbe.	z. B. Die europäische Meerschwalbe.	Der Verkehrtschnäbler.	z. B. Der Schwarze.
7. Arten.	Der Pinsel rc.	2. Arten.	Der Fahle.
Ein pfriemenförmiger Schnabel.		Mit einem kurzen Oberkiefer.	

Anmerkung. Die Vögel dieser Ordnung dienen meistentheils zur Speise; und bringen besonderen Nutzen durch ihre zarte Federn. Die köstlichsten sind die sogenannten Eyderdunen von der Eydergans.

IV. Ordnung. Die Stelzenläufer.

Kennzeichen. Ein langer, rundlichter Schnabel; hohe, meistentheils kahle, zum Durchwaden eingerichtete Füße.

A.		B.	
Der Flaminger.	z. B. Der Rothe.	Der Löffler.	z. B. Löffelgans.
1. Art.		3. Arten.	
Ein gezähnelter Schnabel; Füße mit einer Schwimmhaut.		Ein plattgedruckter Schnabel.	

C.		D.	
Kranich.	z. B. Der Gehörnte.	Kahlhals.	z. B. Der Brasilianische.
2. Arten.		1. Art.	
Schnabel mit einem spitzigen Haken.		Ein dicker, aufgebogener Unterkiefer.	

E.		F.	
Hohlschnabel.	z. B. Löffelschnabel.	Reiher.	z. B. Kronvögel.
2. Arten.		26. Arten.	Kraniche ohne Kopfzierde.
Ein bauchlichter Schnabel.		Ein gerader spitziger Schnabel.	Störche. Reiher mit gezahnten Mittelfingern.

G.		H.	
Brachvögel.	z. B. Der Nimmersatt.	Schnepfen.	z. B. Die Waldschnepfe.
7. Arten.	Der Sichelschnabel.	18. Arten.	Das Wasserhühnchen.
Mit bogichtem Schnabel, und sackichter Kehle.		Ein länglichtrur der, gerader Schnabel.	Pfuhlschnepfe. Regenschnepfe.

I. Strandläufer. 23. Arten. Mit länglichtrundem etwas stumpfem Schnabel.	{ 3. B. Die Kiebitzarten. Der Kampfhahn ꝛc.	**K.** Regenpfeiffer. 12. Arten. Mit länglichtrundem, etwas stumpfem Schnabel.	{ 3. B. Vossenreiher. Grillvogel. Der Dickfuß ꝛc.
L. Wassersäbler. 1. Art. Ein säbelförmiger Schnabel.	{ 3. B. Der Säbelschnäbler.	**M.** Meereister. 1. Art. Ein beynahe keulförmiger Schnabel.	{ 3. B. Austernfischer.
N. Wasserhühner. 7. Arten. Eine lappichte Haut an den Fingern.	{ 8. B. Das schwarze Wasserhuhn. Der Sultan.	**O.** Spornflügel. 5. Arten. Drüsichte Schnabelwurzel.	{ 3. B. Ausländische Kiebitze.
P. Rallen. 10. Arten. Ein etwas bauchlichter Schnabel.	{ 3. B. Der Wachtelkönig. Die Wasserralle.	**Q.** Knarrhuhn. 1. Art. Ein köcherförmiger Schnabel.	{ 3. B. Der Sarter.
R. Trappgänse. 4. Arten. Ein kegelförmiger Schnabel.	{ 3. B. Der Trappe.	**S.** Strausvögel. 3. Arten. Ungeschickt zum Fliegen; laufen schnell.	{ 3. B. Kameelstraus. Der Casuar.

Anmerkung. Die mehrsten Vögelarten dieser Ordnung sind in unsern Gegenden unbekannt. Die Schnepfe, der Trappe, die Wasserhühner, die Kiebitzeneyer, einige Rallen sind zu gewissen Zeiten eine ausgesuchte Speise. Einige Arten werden geliebt, weil sie das Ungeziefer vertilgen helfen. Den Fischteichen schaden die mehrsten.

V. Ordnung. Die hühnerartigen Vögel.

Kennzeichen. Ein erhabenrunder Schnabel, dessen Oberkiefer mit dem Rande über den untern schlägt. Die Füße sind gespalten.

A. Straußcasuar. 1. Art. Ein runzlichter Schnabel.	{ 3. B. Der Tölpel.	**B.** Pfauen. 3. Arten. Mit einem Federstrauße auf dem Kopfe, und langen zierlichen Schwanzfedern.	{ 3. B. Der gemeine Pfau.

C.
Truthühner.
3. Arten.
Ein stark drüsichter Kopf.

{ Der kalekutische, oder welsche Hahn.

D.
Pauwis.
5. Arten.
Mit gekräuselten Kopffedern.

{ Lauter ausländische Hühner.

E.
Fasanen.
6. Arten.
Mit kahlen glatten Backen.

{ z. B. Der eigentliche Fasan. Die gemeinen Haushühner.

F.
Perlhühner.
1. Art.
Ein Horn auf dem Wirbel. Drüsichte Lappen am Unterkiefer.

{ z. B. Das Perlhuhn aus Numidien.

G.
Wilde Hühner.
20. Arten.
Mit kahlen, warzichten Augbraunen.

{ z. B. Auerhahn. Birkhuhn. Schneehuhn. Hasehuhn. Rebhuhn. Wachtel.

Anmerkung. { Die hühnerartigen Vögel sind das schmackhafteste ... und verschaffen ... gleichsam ... unentbehrlichen Nutzen durch ihre Eier. Die Federn sind wenig brauchbar.

VI. Ordnung. Die sperlingsartigen Vögel.

Kennzeichen. Ein kegelförmiger, scharfzugespitzter Schnabel; zum Hüpfen und Springen eingerichtete Füße mit ganz abgesonderten Fingern.

A.
Tauben.
40. Arten.
Ein gewölbter Schnabel; höckerichte Nasenlöcher.

{ z. B. 1. Mit gleichlangen Ruderfedern: die Feldtaube. Der Kröpfer. Die türkische Taube. Die Mewentaube. Die Ringeltaube. Die Turteltaube. Die Lachtaube. 2. Die Keulschwänze sind alle ausländisch.

B.
Lerchen.
11. Arten.
Ein pfriemenförmiger Schnabel; eine gespaltene Zunge.

{ z. B. Die Ackerlerche. Die Wiesenlerche. Die Haubenlerche. Die Baumlerche.

C.
Der Staar.
5. Arten.
Ein pfriemenförmiger an der Spitze geründelter Schnabel.

{ z. B. Der gemeine Staar. Der Wasserstaar. Der bunte indianische Staar.

D.
Krammetsvögel.
28. Arten.
Ein geründelter, pfriemenartiger Schnabel.

{ z. B. Die gemeinen Drosseln. Die Amseln. Wachholder-Drossel. Die Steinmerle.

E.
Seidenschwanz.
7. Arten.
Ein geründelter, an der Wurzel niedergedruckter Schnabel.

{ z. B. Der Seidenschwanz. Der Pompadur. Der Mörder.

F.
Kernbeißer.
48. Arten.
Ein starker kegelförmiger Schnabel.

{ z. B. Der Kreuzschnabel. Der Kirschfink. Der Blutfink. Grünfink.

G. Ammer. 24. Arten. Der Unterkiefer ist ge-preßt und breiter als der obere.	3. B. Goldammer. Schneeammer. Paradisammer.
H. Tanagra. 24. Arten.	Lauter ausländische Merlen.
I. Finken. 39. Arten. Ein spitziger, kegelför-miger Schnabel.	3. B. Buchfink. Distelfink. Kanarienvogel. Zeisig. Hänfling. Der gemeine Spatz. Bergfink ec.
K. Bachstelzen. 49. Arten. Ein pfriemenförmiger Schnabel; eine gespal-tene Zunge.	3. B. Die Nachtigall Grasmücken. Die meine Bachstelze. Rothschwänzchen. Rc brüstchen. Zaunschlie Maußkönig ec.
L. Fliegenfänger. 21. Arten. Ein geründelter Schna-bel, mit kleinen Haaren an der Wurzel.	Meistens ausländische Vö-gel.
M. Ausländische Zeisige. 13. Arten. Gekrümmter, pfriemen-förmiger Schnabel.	Lauter indianische Vögel.
N. Meisen. 14. Arten. Mit zurückgebogenen Bartfedern.	3. B. Haubenmeise. Kohlmeise. Blaumeise. Bartmännchen. Langschwanz. Sumpfmeise.
O. Schwalben. 12. Arten. Ein gekrümmter, nieder-gedruckter Schnabel.	3. B. Die Rauchschwalb Hausschwalbe. Uferschwalbe. Große Mauerschwalbe.
P. Ziegenmelker. 2. Arten. Der sehr kleine Schna-bel ist mit Haaren besetzt.	3. B. Nachtschwalbe. Geißmelker.
Anmerkung.	Unterschiedliche Geschlechter dieser Ordn pflegt man mit Lust zu essen, bevo A. B. D. Der Staar lernt Schwä Die sänkmartigen Vögel, die Am Nachtigall, und Lerchen werden we ihrem lieblichen Gesange, in Kä aufbehalten. Der Hauptdienst, wel die übrigen leisten, besteht darinn, sie die schädlichen Insekten vertilgen hel

Dritte Klasse. Die Amphibien.

Amphibien heißen gemeiniglich jene Thiere, welche auf zweyerley Art leben können, nä lich im Wasser und im Trocknen. Linne giebt ihnen bestimmtere Kennzeichen, wie schon oben b der allgemeinen Eintheilung ist gemeldet worden. Er behält indessen die allgemeine Benennung Rucksicht dessen, was sich von dem größten Theile dieser Thiere sagen läßt.

I. Ordnung. Kriechende Amphibien.

Kennzeichen. Sie haben Lungen, und athmen durch den Mund. Haben auf vier Füßer einen kriechenden Gang.

A.		B.	
Schildkröten. 15. Arten. Sind mit harten Schalen bedeckt.	Z. B. Riesenschildkröte. Flußschildkröte. Landschildkröte. Sumpfschildkröte.	**Frösche.** 17. Arten. Mit einem nackenden, ungeschwänzten Körper.	Z. B. Unterschiedliche Krötenarten. Eigentliche Frösche.

C.		D.	
Drachen. 2. Arten. Sind geflügelt.	Z. B. Fliegende Eidechse. Amerikanischer Drache.	**Eidechsen.** 48. Arten. Mit einem geschwänzten Körper.	Z. B. Der Krokodill. Drachenkopf. Chamäleon. Salamanderarten. Basilisk. Die gemeinen Eidechsen.

Anmerkung. Die Frösche und Schildkröten dienen auf unterschiedliche Weise zur Speise. Nebst diesem nutzen die letztern durch ihre Schilde, welche zu mancherley Geräthschaften verarbeitet werden. Mehrere Krötenarten sind giftig; diesem ungeachtet werden von ihnen zur Arzney gebraucht das sogenannte äthiopische Pulver, Krötenöl, Geist, flüchtiges Salz. Von den Fröschen ist das Froschlaker ein äußerliches Arzneymittel. Die Krokodillen sind fürchterliche Thiere, und den Unvorsichtigen höchst gefährlich. Die Indianer essen, und brauchen sie zur Arzney.

II. Ordnung. Schleichende Amphibien.

Kennzeichen. Sie athmen durch Mund und Lungen; haben keine Füße; weder bemerkt man Ohren an ihnen.

A.		B.	
Klapperschlange. 5. Arten. Der Körper ist mit Schilden umgeben. Am Schwanze ist eine Klapper.	Z. B. Die Schauerschlange. Der Klapperer rc.	**Serpenten.** 10. Arten. Sind mit Schilden bedeckt.	Z. B. Die Königschlange. Die große Stockschlange. Der Hundskopf rc. Die Feuerschlange.

C.		D.	
Nattern. 97. Arten. Schilde am Bauche; am Schwanze Schuppen.	Z. B. Die Viper. Die europäische Natter. Die Otter. Die Brillenschlange, die giftigste unter allen.	**Aalschlangen.** 16. Arten. Am Bauche und Schwanze Schuppen.	Z. B. Der Vierfuß, Zweyfuß mit Füßen wider die gemeine Art. Der Hornträger. Die Bruchschlange.

E. Amphisbänen. Geringelte Schlangen.	2. Arten.	F. Blindſchleiche. 1. Arten.	Z. B. Die Zühlſchlang

Anmerkung. Dieſe Schlangenarten ſind äußerſt giftig. Einige werden von den Indianern als Leckerbiſſen gegeſſen. Ein ſind zur Bezney dienlich z. B. zu der ſogenannten Viperneur. Die Häute geben Ueberzüge.

III. Ordnung. Schwimmende Amphibien.

Kennzeichen. Dieſe Geſchlechter haben Lungen, und nebſt dieſen noch äußerliche Werkze ge zum Athmen. Der Körper iſt mit Floſſen zum Schwimmen verſehen; deswegen ſie ſonſt d Fiſchen beygezählt wurden.

A. Pricken. 3. Arten. Mit 7. Luftlöchern an den Seiten des Kopfes.	Z. B. Die Lamprete. Neunauge.	B. Rochen. 9. Arten. Mit 5. Luftlöchern unten.	Z. B. Der Krampffiſch. Der Meeradler.
C. Hayfiſche. 15. Arten. Mit 5. Luftlöchern neben.	Z. B. Der Saubund. Die Meerſau. Der Menſchenfreſſer. Der Sägenfiſch.	D. Seedrachen. 2. Arten. Ein vierſpaltiges Luftloch.	Z. B. Der Seehahn. Der Pfeildrache.
E. Seeteufel. 3. Arten. Mit 2. Bauchfloſſen.	Z. B. Der Meerfroſch. Der Einhörnteufel.	F. Störe. 3. Arten. Mit 2. Bauchfloſſen, einem ungezähnten Munde.	Z. B. Der gemeine Stör Der Hauſen. Der Sterlet.
G. Hornfiſche. 8. Arten. Mit 1. Bauchfloſſe.	Z. B. Das Einhorn. Der Zotenfiſch.	H. Beinfiſche. 9. Arten. Sind mit knotigen Panzern bedeckt.	Z. B. Der Seegucku. Das Seekätzchen. Das Dreyeck.
I. Stachelbäuche. 7. Arten. Mit ſtachlichtem Bauche.	Z. B. Schildkrötenfiſch. Mühlſteinfiſch. Streifichter Stachelbauch.	K. Igelfiſche. 2. Arten. Mit einem ſtachlichten Körper.	Z. B. Der Kugelfiſch. Der große Stachelfiſch.

G 3

I. Meerhasen. 3. Arten. Mit 2. aneinander gewachsenen Bauchflossen. { 3. B. Der Lump. Der Ringbauch.

M. Schildfische. 2. Arten. Der Rücken ist gepanzert. { 3. B. Der Messerfisch. Der Schnepfenfisch.

N. Nadelfische. 7. Arten. Ohne Bauchflossen mit vielen Gelenken. { 3. B. Die Spitznadel. Der Corallensauger. Das Seepferdchen.

O. Meerpferde. 3. Arten. Mit 2. Bauchflossen, und mehrern Gelenken. { 3. B. Der Drache. Der Schwimmer. Der Flieger.

Anmerkung. Einige Thiere dieser Ordnung sind giftig. Der Krampfisch ist wegen seiner Krampf verursachenden Kraft merkwürdig. Viele sind eßbar; aber schwer zu verdauen. Die besten sind der Hausen, der Stör, und die Pricken. Die Hausenblasen geben einen vorzüglich guten Leim; und werden sonst noch mit vielem Nutzen gebraucht. Der Hayfisch, Carcharias, soll jener Fisch seyn, der den Jonas verschluckt hat; wiewohl einige den Kachelot nennen. Von der Hayfischhaut ist das feinere Chagrin.

Vierte Klasse. Die Fische.

Die Fische sind Wasserthiere; athmen ohne Lungen durch Kiemen; sind meistentheils schuppicht, grätig, und schwimmen vermittels stachlichter Floßfedern.

I. Ordnung. Ohne Bauchfloßfedern.

Kennzeichen. Die Fische dieser Ordnung haben gar keine Bauchfloßfedern.

A. Die Aale. 7. Arten. Sind schlangenförmig. { 3. B. Die gemeinen Aale. Meeraal.

B. Aahlrücken. 5. Arten. Ohne Rückenflossen. { 3. B. Zitteraal. Der Spitzkiefer.

C. Spitzschwanz. Der Schwanz hat keine Flossen.

D. Meerwolf. 1. Art. Mit runden Zähnen.

E. Sandaal. 1. Art. Mit einem schmalen Kopfe.

F. Schlangenfische. 2. Arten. Mit einem degenförmigen Körper. { 3. B. Der Gebartete. Der Kahlbart.

G. Deckfische. 2. Arten. Der Körper ist eyförmig. { 3. B. Der Gestreifte. Der Einfärbige.

H. Schwerdfisch. 1. Art. Der Oberkiefer läuft in eine schwerdförmige Spitze aus.

II. Ordnung. Mit Floßfedern an dem Halse.

Kennzeichen. Die Fische dieser Ordnung unterscheiden sich von andern, daß sie die Bau
floßfedern vor den Brustfloßen an der Kehle haben.

A.
Schelfischteufel.
3. Arten.
Riemenöffnung am
Nacken.

3. B. Der fliegende
Teufel.
Drachenfisch.

B.
Sternseher.
1. Art.
Mit aufgeworfenem
Maule.

C.
Petermänndchen.
1. Art.
Der After ist nah an
Brust.

D.
Cabeljaue.
17. Arten.
Mit langen, spitzigen
Brustfloßen.

3. B. Schelfisch.
Gemeiner Cabeljau.
Vengling.
Stockfisch.
Dolch.

E.
Roßfische.
13. Arten.
Mit zweystrahlichten
Brustfloßen und spieß-
förmigem Körper.

3. B. Seelerche.
Schmetterlingsfisch.
Der Spitzkopf ꝛc.

III. Ordnung. Mit Floßfedern unter den Brustfloßen.

Kennzeichen. Den Fischen dieser Ordnung stehen die Bauchfloßfedern unter den Brustfloß

A.
Cepola.
2. Arten.
Mit einem degenförmi-
gen Körper.

3. B. Der Bandfisch.
Der Riemenfisch.

B.
Sauger.
2. Arten.
Mit einem plattgedruck-
ten runzlichten Kopfe.

3. B. Der Schiffhalter.

C.
Stumpköpfe.
12. Arten.
Mit einem vorne stum-
pfen Kopfe.

3. B. Der Goldfisch.
Der Fünffingerfisch.
Der Sprenkelfisch.

D.
Pinke.
8. Arten.
Mit eyrund zusammen-
gewachsenen Bauch-
floßen.

3. B. Der Stint.
Meergrundel.
Kammkiefer.

E.
Knorrfische.
6. Arten.
Mit einem sehr breiten
Kopfe.

3. B. Steinpicker.
Brummer.
Stierkopf.

F.
Meerscorpion.
3. Arten.
Mit gebartetem
Kopfe.

3. B. Dornschwein.
Zauberfisch.

G.
Spiegelfische.
4. Arten.
Mit plattem Kopfe und
Körper.

3. B. Meerhahn.
Peterfisch.

H.
Seitenschwimmer.
17. Arten.
Beyde Augen an einer
Seite des Kopfes.

3. B. In der rechten Sei-
der Plateiß.
In der linken Seite;
die Steinbutte.

I. **Klippenfische.** 23. Arten. Mit beugsamen, bürstenartigen Zähnen.	Z. B. Stachelbart. Bogenfisch. Spitzfinne. Der Argus.	K. **Meerbrachsem.** 26. Arten. Mit starken Hunds-und Backenzähnen.	Z. B. Goldbrachsem. Karpfisch. Das Großauge. Marmelbrachsem.
L. **Lippfische.** 41. Arten. Mit fadenförmigen Anhängen hinter der Rückenflosse.	Z. B. Meerpfau. Meerjunker. Lederfisch.	M. **Umberfische.** 5. Arten. Sind dunkelfärbig, ganz schuppicht.	Z. B. Seekrähe.
N. **Bärschinge.** 26. Arten. Mit sägenartigen, Kiemendeckeln.	Z. B. Flußbärsch. Seebärsch 2c.	O. **Stachelbärsche.** 11. Arten. Mit Rückenstacheln.	Z. B. Stichling. Flügelbärsch.
P. **Makrele.** 10. Arten. Mit kielförmigem Schwanze, und Bastartflossen.	Z. B. Gemeine Makrele. Thaunfisch. Goldschwanz.	Q. **Meerbarben.** 3. Arten. Mit lockern Schuppen.	Z. B. Rothbart. Riesenbarbe.
R. **Seehahnen.** 9. Arten. Mit fingerförmigen Anhängen.	Z. B. Panzerhahn. Kirrhahn. Der fliegende Fisch.		

IV. Ordnung. Mit Floßfedern an dem Bauche.

Kennzeichen. Diese Ordnung enthält Fische, welche die Bauchfloßfedern hinter den Brustflossen, wirklich am Bauche haben.

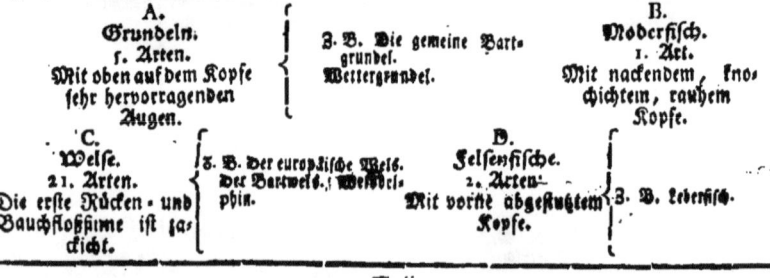

A. **Grundeln.** 5. Arten. Mit oben auf dem Kopfe sehr hervorragenden Augen.	Z. B. Die gemeine Bartgrundel. Wettergrundel.	B. **Moderfisch.** 1. Art. Mit nackendem, knochichtem, rauhem Kopfe.
C. **Welse.** 21. Arten. Die erste Rücken- und Bauchfloßfinne ist zackicht.	Z. B. Der europäische Wels. Der Bartwels. Welsdelphin.	D. **Felsenfische.** 2. Arten. Mit vorne abgestutztem Kopfe. — Z. B. Lederfisch.

E.
Panzerfische.
2. Arten.
Mit starken, knochichten Schuppen.
{ 3. B. Harnischfisch. Runzelmaul.

F.
Salme.
29. Arten.
Mit Zähnen, einer Zunge, einer Fettfloſſe auf dem Rücken.
{ 3. B. Der gemeine La... Unterschiedliche Forell... ten. Aesche rc.

G.
Pfeiffenfisch.
2. Arten.
Mit einer köcherförmigen Schnauze.
{ 3. B. Die Tobackspfeiffe. Der Trompetenfisch.

H.
Hechte.
9. Arten.
Der Unterkiefer ist länger, als der obere.
{ 3. B. Der gemeine H... Der Pfeilhecht. Schildhecht rc.

I.
Eidechsenfisch.
1. Art.
Mit gedoppelter Kiemenhaut.
{ 3. B. Lanzettenfisch.

K.
Kornährenfisch.
2. Arten.
Mit einem silberfärbigen Striemen an der Seite.

L.
Silberfisch.
2. Arten.
Mit einer silberfärb... Luftblase.

M.
Meeräsche.
2. Arten.
Mit pergamentartigen Lippen, und weißlichtem Körper.

N.
Fliegende Fische.
2. Arten.
Mit flügelartigen Brustfloſſen.

O.
Fingerfische.
3. Arten.
Mit fingerförmigen Fortsätzen an den Brustfloſſen.
{ 3. B. ...fingerf... Paradis...
{ 3. B. Die fliegende Wachtel.

P.
Murmelfische.
2. Arten.
Ohne Kiemendeckel.
{ 5. B. Karpfen-Kal-Murmelfische.

Q.
Heringe.
11. Arten.
Mit einem kielförmigen Bauche.
{ 3. B. Pöckelheringe. Sardellen. Sprotte...

R.
Karpfen.
31 Arten.
Mit einer dreyſtrahlichten Kiemenhaut.
{ 5. B. Mit einem Barte. Der gemeine Karpfe, Flußbarbe, Kreſſe, Schleße. Mit ungetheiltem Schwanze. Die Karauſſe. Mit gabelförmigem Schwanze. Eliße, Weißfisch, Rothauge, Flußbrachsem, Bratfisch.

Anmerkung.
{ Der Hauptnutzen, den die Fische schaffen, besteht darinn daß sie, sonders bey Abgange des Fleisches dem Menschen zur Nahrung d... Einige können nur frisch genoſſen... den; andere werden auch get... oder auf unterschiedliche W... macht, weit und breit verschickt, aufbehalten.

Fünfte Klasse. Die Insekten.

Insekten sind vielfüßige Thiere; haben am Kopfe bewegliche Fühlhörner und unbedeckte ... gen. Sie leiden meistentheils unterschiedliche Verwandlungen.

I. Ordnung. Mit ganzen Flügeldecken.

Kennzeichen. Die Insekten dieser Ordnung haben vier Flügel; die zween obern bedecken die untern, wie Schilde, und dienen zugleich zum Fliegen.

H

IV. Ordnung. Mit geäderten Flügeln.

Kennzeichen. Vier häutige Flügel, welche mit dicken Adern durchwebet sind, zwischen denen viele andere feinere hin- und herlaufen.

A.	B.	C.	D.
Libellulen.	Tagthierchen.	Wasserculchen.	Steinkfliege.
21. Arten.	11. Arten.	24. Arten.	51. Arten.
Mit scheerenförmigem Schwanze, und vielklieserichtem Maule.	Mit bürstenartigem Schwanze, und ungezahnten Kiefern.	Mit einfachem Schwanze, und niedergebogenen Flügeln.	Mit einfachem Schwanze; niedergebogenen Flügeln; zweenen Zähnen im Maule.
E.	F.	G.	
Baftartlibellulen.	Scorpionfliegen.	Kammeelhals.	
5. Arten.	4. Arten.	3. Arten.	
Mit gezacktem Schwanze, und zweenen Zähnen im Maule.	Mit scheerenförmigem Schwanze, und schnabelichtem Maule.	Mit einem fadenförmigen Schwanze, und zweenen Zähnen.	

V. Ordnung. Mit häutigen Flügeln.

Kennzeichen. Die vier Flügel sind ein feines, durchsichtiges Häutchen, welches mit zarten, wenig sichtbaren Nerven durchwebt ist.

A.	B.	C.	D.
Galläpfelwürmer.	Schlupfwespe.	Holzwespe.	Raupentödter.
19. Arten.	55. Arten.	7. Arten.	77. Arten.
Mit einem gewundenen Stachel.	Mit einem sägenartigen Stachel.	Mit einem sägenförmigen Stachel.	Mit einem dreyfach hervorstehenden Stachel.
E.	F.	G.	H.
Baftartwespe.	Goldwespe.	Wespe.	Biene.
38. Arten.	7. Arten.	28. Arten.	55. Arten.
Mit einem stechenden Angel.	Mit einem stechenden Angel.	Mit einem stechenden Angel, und gefalteten Oberflügeln.	Mit einem stechenden Angel, und einer umgebogenen Zunge.
I.	K.		
Ameisen.	Ungeflügelte Biene.		
18. Arten.	10. Arten.		
Zum Theile ohne Flügel; ein stumpfer Stachel.			

VI. Ordnung. Mit zweenen Flügeln.

Kennzeichen. Die Insekten dieser Ordnung haben nur zween Flügel, aber unter denselben Schwingstäbchen.

A.	B.	C.	D.
Bremsen.	Langfüße.	Fliegen.	Viehbreme.
5. Arten.	61. Arten.	129. Arten.	19. Arten.
Ohne ein merkliches Maul.	Mit Lippen an der Seite des Mauls.	Mit einem Saugerüssel.	Mit einem gezähnelten Rüssel.

E. Mücke.	F. Hüpfer.	G. Stechfliege.	H. Raubfliege.
7. Arten.	5. Arten.	13. Arten.	17. Arten.
Mit einem beugsamen, cylindrischen Rüssel.	Mit einem gebogenen Schnabel.	Mit einem scharfen, gegliederten Schnabel.	Mit einem pfriemigen Schnab
I. Schweber.	K. Fliegende Laus.		
5. Arten.	4. Arten.		
Mit einem bürstenartigen Schnabel.	Mit einem sehr kurzen Schnabel.		

VII. Ordnung. Ungeflügelte Insekten.

Kennzeichen. Die Insekten dieser Ordnung haben keine Flügel; aber mehr, als vier [

A. Zuckerlecker.	B. Pflanzenfloh.	C. Holzwurm.	D. Laus.
3. Arten.	14. Arten.	3. Arten.	40. Arten.
Mit 6. Füßen, und einem bürstenartigen Schwanze.	Mit einem gabelförmigen Schwanze; 6. Füßen.	Mit zweenen Kiefern am Maule; 6. Füßen.	Mit einem stachli[chten] Maule; 6. Füße
E. Floh.	F. Milbe.	G. Krebsspinne.	H. Spinne.
2. Arten.	35. Arten.	9. Arten.	9. Arten.
Mit einem umgebogenen Schnabel und Angel; 6. Füßen.	Mit 8. Füßen.	Mit 4. Augen; 8. Füßen.	Mit 8. Augen. 8. Füßen.
I. Scorpion.	K. Krebse.	L. Schildfloh.	M. Kellerwurm.
6. Arten.	87. Arten.	9. Arten.	15. Arten.
8. Augen; 9. Füße; scheerenförmige Fühler.	2. Augen; 10. Füße mit Scheeren an den vordern	2. Augen. 12. Füße, worunter 10. scheerenförmig sind.	2. Augen; 14. F[
N. Asselwurm.	O. Vielfüßige.		
4. Arten.	8. Arten.		
Mit plattem Körper, und vielen Füßen.	Mit rundem Körper, und sehr vielen Füßen.		

Anmerkung. { Die meisten Insekten sind schädlich und zur
Die nützlichsten sind die Bienen durch ihr
und Wachs; die Seidenwürmer durch ihr
denselben; die Cochenillen u. d. g. mehr z
be. Ameisen, Spinnen, Kellerwürmer,
spanische Fliegen, Scorpionen rc. dienen zu
ney. Die Krebse werden gegessen; die übrig
den Thieren zur Nahrung und Arzney.
Schmetterlinge sind eine Zierde in den Natu
sammlungen. }

VI. Klasse. Die Würmer.

Die Würmer unterscheiden sich von den Thieren der vorhergehenden Klassen darinn, ba[ß] weder Knochen, noch Knorpeln, noch Gräte; weder eigentliche Füße haben. Alle sind w und haben entweder einen einfachen, oder mit Gliedmaßen zusammengesetzten Körper, der en der ganz nackend ist, oder mit einer kalkartigen Schale bekleidet, die entweder frey herumgetr wird; oder auf einer steinichten Wurzel fest sitzt, und nebst dem noch oft mit Aesten versehen i

I. Ordnung. Würmer ohne Gliedmaßen.

Kennzeichen. Die Würmer dieser Ordnung haben einen ganz nackenden, in Gestalt e Bandes, Drates, Strickes, Faden, rc. einfach auslaufenden Körper. Sie bewegen sich b eine wechselweise Zusammenziehung und Verlängerung.

A.	B.	C.	D.
Dratwurm.	**Spulwurm.**	**Regenwurm.**	**Bindwurm.**
5. Arten.	2. Arten.	2. Arten.	3. Art n.
Mit einem dünnen dratförmigen Körper.	Mit einem runden, an den Enden zugespitzten Körper.	Mit einem runden, an den Seiten offenen Körper.	Mit einem gedruckten am Bauche offenen Körper.
E.	F.	G.	
Sprützwurm.	**Blutigel.**	**Rauhbart.**	
2. Arten.	9. Arten.	1. Art.	
Mit einer sprützenförmigen Schnauze.	Mit einem länglichtrunden, an dem Ende etwas gestutzten Körper.	Mit einem kielförmigen Körper, harichtem Maule, und gezacktem Gebisse.	

II. Ordnung. Würmer mit Gliedmaßen.

Kennzeichen. Folgende Würmer haben Fühlhörner oder Arme; sind meistentheils nackend etliche wohnen in kalkartigen Schalen. Einige leben im Wasser, andere auf dem Lande.

A.	B.	C.	D.
Erdschnecke ohne Haus.	**Seelunge.**	**Seeschnecke ohne Haus.**	**Seeraupe.**
8. Arten.	1. Art.	4. Arten.	4. Arten.
Das Maul vorne; 4. Fühlhörner; eine Seitenöffnung.	Das Maul vorne; 4. Fühlhörner; eine Seitenöffnung.	Das Maul vorne; 2. Fühlhörner; eine Seitenöffnung.	Das Maul vorne; ei ovaler Körper; gleichsam Füße.
E.	F.	G.	H.
Seetausendbein.	**Seescheide.**	**Seenessel.**	**Seehase.**
11. Arten.	6. Arten.	5. Arten.	2. Arten.
Das Maul vorne, bewaffnet; ein länglichter Körper; gleichsam Füße.	Das Maul oben; zwo Oeffnungen.	Das Maul oben, und dehnbar.	Das Maul vorne; 2 Oeffnungen an der linken Seite.
I.	K.	L.	M.
Seeblase.	**Steinbohrer.**	**Steinschnecke.**	**Riemenwurm.**
9. Arten.	1. Art.	1. Art.	4. Arten.
Das Maul ist vorne, mit einem Fleischbärtchen.	Das Maul vorne, mit einem Haarbärtchen.	Das Maul vorne; mit scheerenförmigen Armen.	Mit etlichen runden Armen; das Maul vorne.
N.	O.	P.	Q.
Seemoosschnecke.	**Flügelwurm.**	**Blackfisch.**	**Qualle.**
1. Art.	3. Arten.	5. Arten.	12. Arten.
Das Maul vorne; und sechs Arme.	Mit 2. ausgebreiteten Armen.	Mit 8. bis 10. Armen.	Das Maul unten; ei schleimichter Körper.
R.	S.		
Seestern.	**Seeapfel.**		
16. Arten.	17. Arten.		
Das Maul unten im Mittelpunkte.	Das Maul unten im Mittelpunkte.		

III. Ordnung. Conchylien.

Kennzeichen. Die Würmer der dritten Ordnung haben kalkartige Häuser, mit w... sie von einem Orte zum andern herumziehen können. Es giebt Vielschalichte, Zweyschalich... wundene und ungewundene Einschalichte.

A.	B.	C.	D.
Käfermuschel. 9. Arten. Eine vielschalichte Muschel der Länge nach über dem Rücken.	**Meereichel.** 10. Arten. Mit mehrern ungleichen Schalen.	**Pholade.** 6. Arten. Eine Zweyschalichte mit noch etlichen kleinen hinten an.	**Klaffmuschel.** 7. Arten. Zweyschalicht; nem nicht schließ... Zähnchen am S...
E.	**F.**	**G.**	**H.**
Scheide. 11. Arten. Zweyschalicht; mit weit voneinander stehenden Seitenzähnchen.	**Tellmuschel.** 29. Arten. Zweyschalicht; mit Zähnchen an der einen Schale, die nicht schließen.	**Herzmuschel.** 21. Arten. Zweyschalicht. Das Schloß schließt mit den Seitenzähnchen.	**Korbmusch...** 8. Arten. Zweyschalicht. ... nem zusammeng... nen Mittelzäh...
I.	**K.**	**L.**	**M.**
Dreyeck. 10. Arten. Zweyschalicht; mit einem nicht schließenden Schloße.	**Venusmuschel.** 48. Arten. Zweyschalicht; mit dicht beysammenstehenden Zähnchen.	**Lazarusklappe.** 3. Arten. Zweyschalicht; mit zweenen durch ein Loch abgesonderten Zähnen.	**Gienmusch...** 14. Arten. Zweyschalicht; ... nen schiefen, stu... Zähnen am S...
N.	**O.**	**P.**	**Q.**
Arche. 17. Arten. Zweyschalicht; mit vielen ineinander schließenden Zähnen.	**Kammuschel.** 21. Arten. Zweyschalicht; ohne Zähnchen am Schloße.	**Bastarde.** 27. Arten. Zweyschalicht; ohne Zähnchen.	**Zweyschalichte muschel.** 20. Arten. Ohne Zähnch...
R.	**S.**	**T.**	**U.**
Steckmuschel. 8. Arten. Zweyschalicht; ohne Zähnchen, mit einem Rande an den Schalen.	**Schifsboot.** 2. Arten. Einschalicht; gewunden, ohne Kammern.	**Nautilus.** 16. Arten. Einschalicht; gewunden, mit vielen Kammern.	**Tuten.** 35. Arten. Einschalicht; gew... len Mündun...
X.	**Y.**	**Z.**	**AA.**
Porzellane. 44. Arten. Einschalicht; gewunden, mit einer gezähnelten Mündung.	**Blase.** 23. Arten. Einschalicht; gewunden, mit einer engen, schiefen Mündung.	**Walze.** 13. Arten. Einschalicht; gewunden, mit einer gefaltenen Spindel.	**Zinkhorn.** 51. Arten. Einschalicht; gewi... mit einer Spalte rechten Seite der bung.
BB.	**CC.**	**DD.**	**EE.**
Flügelschnecke. 29. Arten. Einschalicht; gewunden, mit einer Spalte an der linken Seite der Mündung.	**Stachelschnecke.** 61. Arten. Einschalicht; gewunden, mit einer geraden Rinne an der Mündung.	**Krauselschnecke.** 26. Arten. Einschalicht; gewunden mit einer verengerten, eckichten Mündung.	**Mondschnec...** 60. Arten. Einschalicht; gew... mit einer vereng... runden Mündu...

GG.	HII.	II.
chwimmschnecke.	Meerohr.	Klippenkleber.
a5. Arten.	7. Arten.	36. Arten.
schalicht; gewunden; t einer halbrunden Mündung.	Einschalicht; gewunden; mit einer weiten, durchlöcherten Mündung.	Einschalicht; ungewunden, mit einer kegelförmigen, weit offenen Schale.

LL.	MM.	NN.
Röhrenschnecke.	Holzbohrer.	Sandköcher.
16. Arten.	1. Art.	7. Arten.
schalicht; ungewunden mit einer röhrenförmigen Schale.	Einschalicht; ungewunden; in Holz eingebohrt.	Einschalicht; ungewunden; eine sandichte Schale.

V. Ordnung. Die Korallen.

ürmer dieser Ordnung haben weiche Körper mit Gliedmaßen, die in

B. Sternkorall.	C. Punktkorall.	D. Zellenkorall.
35. Arten.	13. Arten.	6. Arten.
Mit eingedruckten Sternchen.	Mit vielen Punkten.	Mit hohlen Zellen.

Die Thierpflanzen und Pflanzenthiere.

Würmer dieser letzten Ordnung sind entweder festgewurzelt, treiben oder sind nicht angewachsen, und verändern ihren Ort. Die erstern ndern Pflanzenthiere.

B. Hornkoralle.	C. Seekork.	D. Schwämme.
16. Arten.	12. Arten.	16. Arten.
Hornartig.	Korkartig.	Glockicht.
F. Seeköcher.	G. Korallenmoos.	H. Koralline.
8. Arten.	7. Arten.	42. Arten.
lauter Köcherchen bestehend.	Mit fadenförmigen, kalkartigen Gliedern.	Mit fadenförmigen faserichten Gliedern.
K. Polype.	L. Seefeder.	M. Bandwurm.
7. Arten.	7. Arten.	4. Arten.
it Mäulern an den Enden.	Ein freier Körper mit federartigem Stiele.	Ein freier Körper mit schnürartigen Gliedern
O. Höllendrache.	P. Infusionsthierchen.	
1. Art.	5. Arten. Ein freier, sehr selten mit freyem Auge sichtbarer Körper, in gewissen Aufgüssen, u. d. g.	
freier langer, hinten lachlichter Körper.		

letzten Klasse werden zum Theile, als ein schädliches Ungeziefer, angesehen. Die meisten Nahrung; einige werden auch von den Menschen mit Lust gespeiset. Etliche dienen zu ney x. Die Conchylien, Korallensteine x. werden mit großen Kosten zu den Naturalien